训 练 手 册

公司转型
及
改良方法

邓耀兴博士

企业转型中心有限公司于 2010 年出版

印刷于新加坡
印刷单位：Mentor Media Printing Pte Ltd

9 8 7 6 5 4 3 2 1
09 10

Dr Mike Teng 的背景

Dr Mike Teng，他是最畅销书"企业转型:护理患病公司恢复健康"的作者，这本书于2002年也被翻译成印尼语。2006年，他创作的另一本名为"企业健康:转型与转变的101条原则"。2007-2008年期间，他出版了六部管理书籍，名为:"互联网转机: 使用互联网营销的转型公司;培训手册: 企业转型和方法转变; 企业在搜索引擎链接方面提高网页排名的转型:全球视野，公司买卖的基本法则，以及那些动物能教给我们的办公室政治。在2009年，他出版两本书名为:企业健康:企业转机中的精神和世俗原则以及转型和耶稣:企业转型专家。

目前 Dr Teng 是企业转型中心有限公司的执行总裁，其公司企业培训和管理咨询服务。在亚太地区，他有29年的转型管理，分销管理，战略规划和经营管理经验。其间，他有19年在多个跨国和公共上市公司担任 CEO。Dr Teng 担任执行委员会成员14年和其间最后4年的新加坡市场协会主席（2000-2004），即国家营销协会。Dr Teng 获得南澳大利亚大学工商管理博士学位（DBA）;新加波国立大学的工商管理硕士学位（MBA）和机械工程学士学位（BEng）;他还是专业工程师（BEng，新加坡），特许工程师（C Eng，英国）和多个国际知名专业研究所的资深会员，即特许市场营销协会（FCIM），特许管理协会（FCMI），特许机械工程协会（FIMechE），新加坡营销协会（FMIS），电气工程协会（FIEE）和新加坡电脑学会高级成员（SMSCS）。他还是由新加坡政府认证的实践管理顾问（PMC）。

目录

2010 © Corporate Turnaround Centre.

2010 © Corporate Turnaround Centre.

2010 © Corporate Turnaround Centre.

2010 © Corporate Turnaround Centre.

简介

本书原版为英文，于 **2007** 年出版。出版后，读者趋之若鹜，一度成为最畅销书籍之一。恰逢 **2008/09** 年爆发席卷全球的金融海啸，越来越多华语读者恳求我把这本书翻译成华文。应广大读者要求，我把《培训指南》翻译成华文版，以供参考。希望广大读者不吝指教。

几年前，公司转型专家在商界还是默默无闻。但是当曾经一度稳定的公司也在挣扎着保持盈利的时候，人们开始对公司转机与转型专家趋之若鹜。与日俱增的竞争，循环的金融市场以及经济的动荡都让人们不能不重视经济稳定的重要。

过去，许多公司都通过裁员来提高公司的经济健康。可是，裁员也同时带走了公司的管理精英，对公司造成了严重的后果。管理层开始觉得更高的职位已经越来越少；动荡的经济环境让曾经叱咤风云的 CEO 开始变得犹豫不决，强有力的领导力也离他们远去。

就是在这样的背景下，《公司转亏为盈》课程将引导读者逐步找出公司的病症，为公司的康复开出一道良方。本指南是课程学员在培训过程中的参考资料，学员也可以在日后的事业中随时运用，结合其中的理论与自己的实践。

《培训指南》目标

在课程结束后，学员应该可以诊断出任何潜伏的公司疾病，对症下药，设计出一整套步骤，让公司整体在短期或长期内逐步康复。

《培训指南》的具体目标如下：

1) 提供辅助性材料，加强在课程中所学知识

2) 标出课程内容中的关键概念及方法

3) 作为学员日后实践中的参考资料

《培训指南》描述

《公司转亏为盈》课程主要以作者的医学类比为指引。本指南采用了很有逻辑而又通俗易懂的方法，逐步剖析《公司转亏为盈》书中所提及的公司疾病诊治步骤。指南内容基于课程讲授内容及案例，编写符合人们记忆思维。

章节安排合理，可以让学员：

- 首先，**了解什么是公司疾病**及其典型病症；
- 然后，**定义三个治疗阶段**（包括手术、复苏及护理）**的角色**；

2010 © Corporate Turnaround Centre.

- 接着，**计划及执行每一阶段的若干步骤**，并在机构情景中有效实施。

指南除了提供学习的基本材料与参考外，在每一章结尾都有实例胶囊，用实际案例来阐述所学基本点。

最后，指南还为学员提供了两个案例，向管理层提出在公司面临转型时遇到的典型问题，并生动的阐述了这类问题的解决方案，公司如何成功转型。

Physical and Fiscal Health

体及财政健康

14

2. 公司疾病

二十一世纪给亚洲及全球企业带来了许多新的挑战。许多企业接受挑战，进入新纪元，但是有的企业由于无法适应商场的激烈竞争而失败。他们的败北的原因有很多，可能是因为使用了过时的策略，推出了陈旧的产品，或者由于公司管理不善，或过于自傲等等。挑战日新月异，过去的策略及商业习惯在将来的竞争中未必适用，企业还会因此陷入混乱。过去的成功未必保证将来的成功。

二十一世纪九十年代的亚洲经济奇迹毋庸置疑，二十一世纪可谓"亚洲的世纪"。可惜亚洲这种欣欣向荣的景象在 1997 年突然结束。始于泰国的经济危机很快席卷马来西亚，印度尼西亚，南韩和许多东南亚国家，危机不断升级。这些突如其来的事件迅速恶化，最终引发了亚洲的货币危机。1997 年经济危机后不久，许多亚洲

国家纷纷面临一系列宏观性问题，如由美国和日本带来的全球性经济衰退，政治动乱，以及地区性经济萧条。2001 年美国的 911 恐怖袭击不但沉重打击了美国经济，对亚太地区经济也是一次重创。有的国家却被一些微观性问题困扰，如市场的自由化，并购的可持续性，中国的崛起，飙升的成本等等。2008 年金融危机，虽然起源不在亚洲，但亚洲各国却深受其害。因为我们从前几次的金融危机中吸取了大量教训，我们的银行没有过度借贷，所以将损失减到最少。

大部分这些因素都导致了某种形式的"公司疾病"或"公司转型"。定义公司疾病的组成其实颇具争议，因为这都是由疾病的本质，社会文化的不同及公司类型（服务性公司还是制造商）决定的。在本指南中，公司疾病涵盖了那些面对不良公司财政表现，没有适时及时地采取补救行动，而导致了公司在一个可预见的将来必然失败的情况。

"公司转型"通常让人想到的是公司面临现金流或利润危机的情况。但是，该术语在本指南中所指范围更广，还包含了那些当前没有遇到现金流或利润危机的公司。公司转型的泛指定义还包含了在危机出现前有失败征兆的公司，类似于一个在生病前身体表现出轻微发热或疲倦的人。

主要病症

大部分生病的公司有以下征兆：

➢ 管理不善

➢ 销售额下滑

➢ 盈利低或为负

➢ 应收账款高

➢ 货存周转率低

➢ 利用资产借债比率不理想

➢ 员工流失率高

企业如果有所列举病症的任何一种，就必须立即采取公司转型策略，避免情况进一步恶化。

治疗疾病，不如避免疾病吧

2010 © Corporate Turnaround Centre.

医学类比（二）

人	企业
手术	企业重组/ 优化/ 裁员/ 再做
复苏	使销售和利润重注生机
护理/ 恢复	使增长持续或刺激增长， 尤其是公司文化的增长
治愈	成功转型
死亡	破产/ 倒闭/ 结束营业
送葬者	清盘人
心脏	思维模式/ 态度
心脏病发作/ 中风	重大企业失败或重大错误决策
文化	公司文化/ 免疫系统
内部能量/ "气"	动力/ 热情
DNA	商业模式

为什么企业会失败

临近企业失败的主要征兆

根据 1998 由 Business Planning & Research International 为普华永道做的调查:

➢	失去市场	(29%)
➢	管理失败	(24%)
➢	融资	(18%)
➢	坏账	(10%)
➢	竞争	(6%)
➢	其它	(13%)

陷入困境的企业通常有两类问题——体内问题和
体外问题——即我们的医学类比中所指的体内病
毒和体外病毒。

**根据由转机管理协会于 2006 年 12 月为趋势科技的做
到意见调查**

表格 1：年度最大财政/执行困难的行业（2007 年预测）

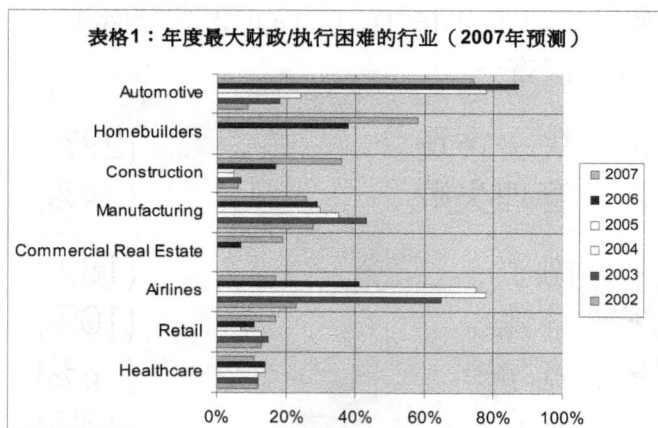

表格1：年度最大财政/执行困难的行业（2007年预测）

汽车 住宅建筑 建筑 制造 商业地产 航空 零售 护理

表格 2：2007 年表现欠佳原因

表格2:2007年表现欠佳原因

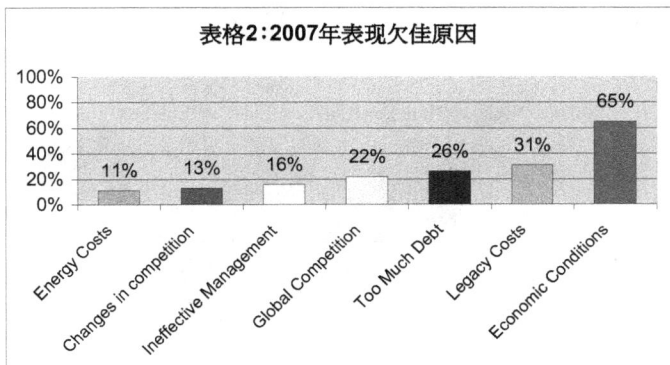

原因	百分比
Energy Costs	11%
Changes in competition	13%
Ineffective Management	16%
Global Competition	22%
Too Much Debt	26%
Legacy Costs	31%
Economic Conditions	65%

能源成本　　竞争的变化　无效管理　　全球竞争　过度负债
遗留成本　　　经济状况

来源: 转机管理协会

纵览几乎所有这些企业失败的原因，这些问题都似乎可以通过合适的未来计划规避的。

因而，正如一个古老的谚语：

"高明的医生防止疾病发生。平庸的医生尝试阻止马上爆发的疾病。欠佳的医生治疗实际的疾病。"

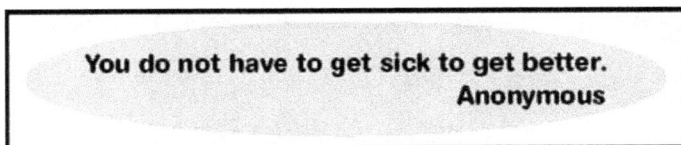

> **You do not have to get sick to get better.**
> **Anonymous**

你无需通过生病让自己变得更健康。

无名氏

体内　　　　　　　　　　　　　　　　　**体外**

管理问题

- 傲慢　　　　　　　　　　　　　　　政府干预/

- 耽搁规范

- 首席执行官或经理不称职　　　　　经济萧条

- 不愿意改变

- 员工能力欠佳　　　　　　　　　　政治动荡

- 内部控制疏忽l

财政控制欠佳

> 21 世纪七八十年代 — 管理箴言是产品质量。质量圈（QC），全面质量管理 (TQM)，及 ISO9000 在当时最为盛行

> 21 世纪八九十年代 — 管理口号高唱科技可以治愈一切

> 2001 纳斯达克高科技股崩盘意味着 — 科技仅是一种渠道，重要的是管理和人

> 新千年的焦点转向了竞争

Every new change forces all the companies in an industry to adapt their strategies to that change.
Bill Gates

每一次的改变都逼使这个行业的企业改变他们的策略，适应这一新改变。

比尔·盖茨

公司营救治疗可以分成以下三个阶段：

➢ **第一阶段: 手术 —** 首要的重点是重整公司架构和改善现金流

➢ **第二阶段: 复苏 —** 集中精力使企业尖端和利润复苏

➢ **第三阶段: 护理 —** 让企业免疫系统加强，能让企业健康地实现稳定的长期增长

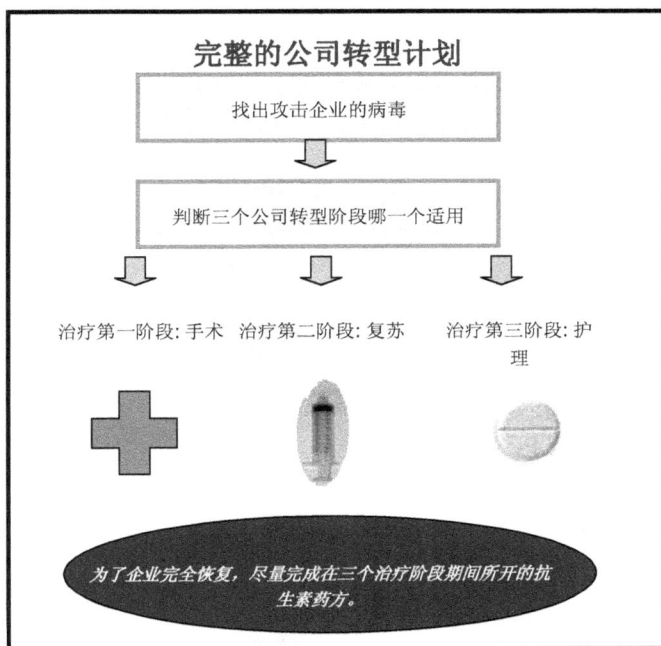

完整的公司转型计划

找出攻击企业的病毒

判断三个公司转型阶段哪一个适用

治疗第一阶段: 手术　治疗第二阶段: 复苏　治疗第三阶段: 护理

为了企业完全恢复, 尽量完成在三个治疗阶段期间所开的抗生素药方。

治疗公司疾病的案例胶囊

体内病毒 引发的公司疾病 – 澳大利亚安捷航空公司案例

作为澳大利亚第二大国内航空公司，安捷的案例是企业需要优秀 CEO 领导的很好例子。安捷正饱受财政困扰，苦于找不到一个财政救星。安捷每周正在亏损 100 万澳币，而且债务预计已经超过 20 亿澳币（10 亿美元）。

安捷的创始人雷金纳德·安捷（Reginald Ansett）在 1936 年以很小的规模创立安捷。雷金纳德爵士以安捷的继承人名义被封爵，他是在安捷之后崛起的新秀。1979 年，鲁伯特·默多克的新闻集团和 TNT 货运公司收购了安捷航空，并任命雷金纳德爵士为安捷的"主机长"。他一直带领着安捷，直到他于 1981 年逝世为止，而他的去世意味着安捷失去了一个强势的领导者。安捷的新继任人对航空业毫无经验，对安捷的航线做出了好几个错误的决定，还为了一个收益性的销售而执行了一些不利的削减成本措施。虽然纽西兰航空在 1996 年从 TNT 手中购买了安捷 50% 的股份，但是为时已晚。2001 年事态继续恶化，因安捷的在飞机维护

上的疏忽，导致了整支"不再年轻"的波音 767 留地停飞，此事让公众对安捷失去了信心。因此，安捷是被管理不善这一体内病毒所侵蚀的。一名优秀 CEO（雷金纳德爵士一）的离去加上其继任者的领导不力，最终导致了安捷的悲剧。

有时候，为了提升整个管理团队和消除体内病毒，企业需要进行一次大换血或者手术。西方医学认为，消除体内病毒需要接种疫苗或者手术，也就是需要一个规范的，外科的，科学的，分析性的方法。其实，这就是相当于企业的裁员，重构，开发新市场等等。关键在于在病情恶化之前，企业必须快速进行治疗。

体外病毒 —— 1990 年 IBM 案例

体外病毒来自机构之外，因此更难消除。有时候，就算企业有一支优秀的管理团队也不能将体外病毒完全消除。IBM 的创办人小托马斯·约翰·沃森（Thomas J. Watson） 在他的《企业与其信念》（A Business and Its Belief）写道，他曾

跟一位采访者说过，他很担心 IBM 会变成一个庞大臃肿的机构，并因而不能适应日新月异的计算机行业。他是在比尔·盖茨（Bill Gates）和史蒂夫·保罗·乔布斯（Steve Jobs）出现之前的三十年说这番话的。沃森没错。IBM（前郭士纳时期）在二十世纪九十年代几乎面临破产。虽然强大的 IBM 有一支优秀的管理团队，而且享誉国际，但是它还是很难抵御个人电脑的冲击。当时的 IBM 很高傲，没有理会个人电脑对它的威胁。盖茨在微软公司建立初期，曾好几次造访 IBM，希望与 IBM 合作。但是 IBM 把微软拒之门外。如果当初 IBM 接受了盖茨的提案，盖茨当时就很有可能会接受 IBM 对微软的收购。当 IBM 意识到 PC 对它的威胁时，为时已晚，盖茨财政已经很充裕，不会与 IBM 合作了。

IBM 很幸运，及时聘用了郭士纳（Lou Gerstner）担任主席和首席执行官，挽救了这家曾经自傲的行业巨头。其他公司却没有那么走运。数据显示，许多大型企业纷纷倒闭，500 强企业中只有三分之一能幸存至今。许多企业之所以破产，是因为不能适应由体外病毒袭击而引起的变化。要清除体外病毒，管理者需要让公司形成一种

良好的企业文化，因为企业文化相当于一个免疫系统。免疫系统能够产生抗体，消除病毒。

早期诊断的必要性 —— 金的案例

自诊和治疗给破产律师及承办者带来了滚滚财源。

让我们暂且叫他"金"吧。金在一家运营良好的公司担任首席执行官。他任命了经验老道且值得信任的专家经营他的公司。但是，他自己开始感到身体不适，他上次体检的结果显示，他的肝出现了问题。

金不喝酒，而且每天都服用多种维他命。虽然他已经六十多岁了，还在进行像网球这样的激烈运动。他开始查阅各种肝脏恢复的资料——喝蒲公英茶，吃番茄，多吃肝脏（这也是他最最喜欢的食物之一），戒酒。他开始每天服用更多的维他命，但是他体内的铁及其他元素都高出正常水平。于是，他的妻子和公司的董事让他去 Mayo 诊所找一位专家求医，这家诊所正是以医治疑难杂症出名的。

他从这位世界知名的医师口中得知的诊断令他大吃一惊。他之前对自己所作的一切简直是自杀行为。而罪魁祸首就是他那张嘴。他的身体产生了过量的铁，就像注入了钢一样，过量的铁元素开始攻击他的内脏，造成严重的伤害了它们。雪上加霜的是，他平时服用那些貌似无害的维生素铁含量太高。他的肝已经无法修复了，不可能再像以前那样正常工作了。金明白肝脏对人体的健康很重要。但他已经是死路一条了。诊断结果是，他患上了遗传性血色病。这种遗传病在欧洲尤其盛行，但是人们通常低估了这种疾病的杀伤力，或者是误诊了这种疾病。数以百万的人每年都死于这种病。金现在终于知道他的病因了。

一位自行车运动员死于他的车上。他很仁慈，愿意捐赠自己的内脏。因此，金接受了一次器官移植手术——一次生死攸关的转机。金现在是一位快活的 **CEO** 了。

一个在困境中挣扎的企业通常需要的就是金所需要的。没有一位专家的诊断，他可能最后也不知道自己的死因。他对自己身体的调养是令人赞赏的，这一案例并不是要反对自身调养： 如果他没有在一个受控环境内得到适当照料，并得到最新的医治信息，他可能会死得更早，或者错失接受器官移植的机会。

我们沿着决策树，给公司的健康做出正确的诊断。有的公司生病了，因为他们有太多的问题。很多时候在手术台上，病人已经走到了生命的尽头，医生下了诊断，手术刀停止了，大家会希望这位病人在撒手人间之前能有机会回顾他的一生。

转机管理层必须小心地作出每一决策，保证他们对病人有一个明晰、正确的病情了解，否则若干年过去了，公司却病情加重，或者根本没有得到治疗。多次的手术并无益处。可能病人会最终到了无法承受更多手术的境地。

把注意力集中在转机管理上，让钱花在适当的地方，让在困境挣扎的企业对转机充满信心。对生存抱有希望的病人通常更可能治愈。这样的治疗方法万试万灵：让公司为了将来的转机制度化。这也是企业康复的一环。

明科案例

明科是一家位于美国中部的中型企业，主要开展医疗及航空技术业务。行业竞争激烈，明科发现他们不能够满足客户的需求。明科大部分的客户来自亚洲及太平洋市场，他们需要的度身定做产品是明科无法提供的。明科马上就要失去很大一部分销售额和利润了——一群在亚洲及太平洋地区的忠实客户——而且情况继续恶化。2006 年 6 月，在专家的建议下，明科开展调研，在亚洲及太平洋地区市场寻找最合适的国家来快速建立一个设计及服务中心。 明科最后选择了新加坡，因为这个国家以允许平稳的公司运作出名，包括货币兑换自由，大量的医学及航空技术资源。明科终于转危为机，报告显示他们的销售正逐步攀升 (www.minco.com)。

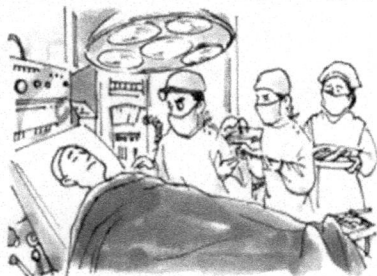

Phase I Treatment: Surgery

3.1 第一阶段治疗：手术

A公司 – 患癌症的本地公司

- 背景 ： 本地中小型企业－ 工业产品贸易与制造
- 问题 ： 市场份额/利润下滑，企业管理费用高，不集中
- 方向 ： 涉及面广而不精
- 定位 ： 无系统的
- 管理风格 ： 放任自由
- 结构 ： 不利于利润增长
- 沟通 ： 各部门各管其政

3.2　需要进行手术

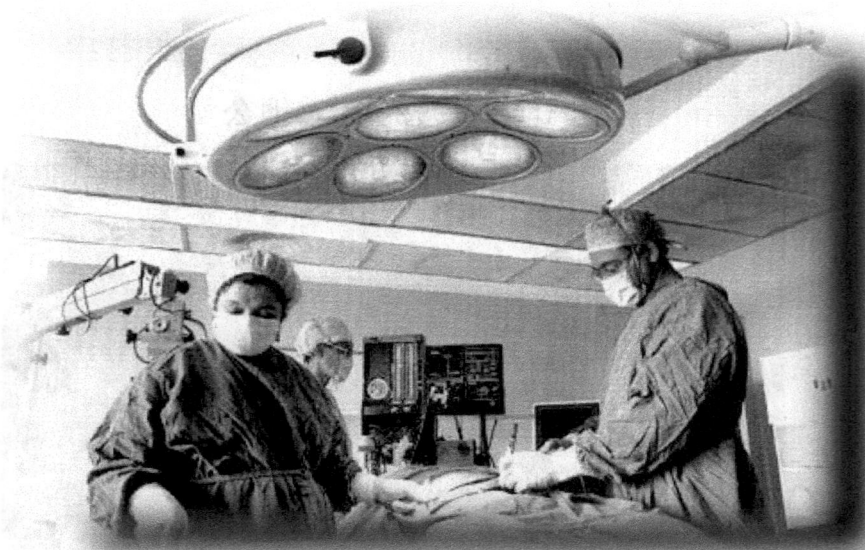

手术或者公司重构并不是大刀阔斧，而需要
外科医生的技巧。

3.3 – 公司重构的 4C

第一阶段

手术 — 重构机构

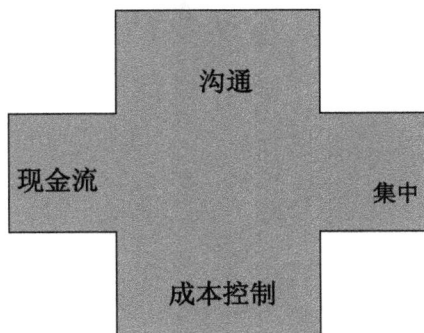

沟通

现金流

集中

成本控制

记住公司重构手术中 的 4C。

2010 © Corporate Turnaround Centre.

沟通的三条原则

> **组织一个转机小组**: 成功转变的第一步就是让所有人都参与。如果员工信任你所做的会带来更好的将来，他们就会努力保证这些转变是有效的。

> **寻求支持**: 自治不是给予的。你需要从各方赢得信任与支持。

> **采用一个实际的管理方式**: 员工参与管理法和代表多数人意见管理法在第一阶段并不适用。

带领英特尔进行公司转型的安德鲁·格罗夫
（Andrew Grove）说：

"什么是'好'与'不好'不应该妨碍你如何思考或者
你如何行动。记住，我们只是追求最有效的方式。"

记住在手术阶段沟通问题上的指导规律：

"企业转机 CEO 需要跟员工面对面地谈话，就像一个医生不需要护士代劳跟病人谈话一样。"

3.3.2 – 集中 (Concentration)

> 在手术阶段，**时间**和**资源**都是非常紧缺的。

➤所以必须集中所有资源，将主要的几件事情做好。

➤你必须高度集中，好比一个外科医生在手术台上仅关注一个手术范围。

➤这个 C 还包含了四个集中工具的使用。

四个集中工具：

- ***集中到核心竞争力***

- ***取消边缘性盈利项目***

- ***采用零基础的预算方法***

- ***挑战过去的商业假设***

集中注意力

取消无足轻重
的盈利项目

采纳"一切从零开
始"的预算方式

挑战以往的业务
上的设想

集中注意力
在强项

外科医生一次只给一个病人动手术。同样,
生病的公司也只需注意一个强项。

3.3.3 – 成本控制 (Cost-cutting)

➤ 成本控制是管理者的救命稻草，尤其是在公司转机的关键时期

➤ 为了有效实施成本控制，成本削减必须快速、有力和决定性的

➤ 成本控制涉及许多不受欢迎的决定，所以必须以一种小心谨慎的方式进行

➤ 关键是知道怎样能在削减成本的同时不会让公司在困境中更加泥足深陷

➢ 3 个主要的成本控制类别：

- 削减业务预算

- 裁员

- 减少固定的和非固定的企业管理费用

2010 © Corporate Turnaround Centre.

成本控制

减少劳动力

缩减运作预算

减低固定和可变动经常费用

把成本减到骨头而不损伤肌肉。

削减成本，但是不要伤及筋骨。

Downsizing is like amputation which removes part of a body.

裁员好比截肢手术，需要移除身体的某些部分。

Getting rid of dysfunctional personnel is like a cancer operation, make sure that the tumour does not come back again.

移除不称职的职员好比癌症手术，必须保证肿瘤不会复发。

Treat the employee to be fired well, for one day it might be you.

善待被裁职员，有可能某天被裁员的是你自己。

Win back the trust after a downsizing exercise.

在裁员之后需要重新赢回员工的信任。

3.3.4 – 现金流

➤ 现金流是公司的命脉

➤ 现金流是公司成功管理与业务健康的重要资源

➤ 业务损失可能会让你头痛，但是突然的现金流紧缺会让你严重偏头痛

➤ 方法应该是两面性的 — 增加现金收款，同时减少现金流出/开支

最后一个 C 是转机计划中不可或缺的，包括：

- 出售不相关业务和非核心资产

- 控制库存水平

- 削减采购/奖金

- 回顾和重新谈判条款

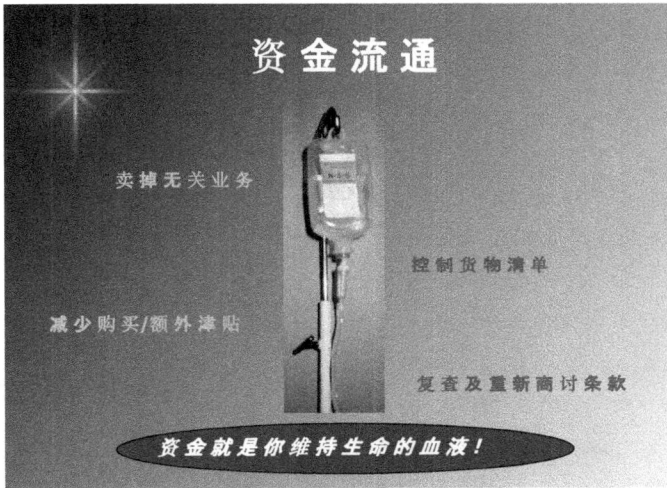

资金流通

卖掉无关业务

控制货物清单

减少购买/额外津贴

复查及重新商讨条款

资金就是你维持生命的血液!

现金是你的命脉。

手术阶段的

案例胶囊

沟通的需要 — 英国石油

2006 年 8 月，在北美最大的石油产区发生了一起大规模的石油泄漏。同时石油在国际市场上也创了新高，在某些地区的燃油价格也成倍增长。企业纷纷倒闭，航空公司航线也因燃油价格大幅上升而受限制。此时石油泄漏真不是时候。国际媒体也纷纷抨击英国石油（BP）。像以往一样，英国石油采取了相应的应对措施，CEO 也下台了，但是这次大家都同意需要实行企业转机，避免类似的问题再次发生。一个新 CEO 上任，前任 CEO 被调到阿拉斯加公司的一个次要职位。

阿拉斯加的普拉德霍湾的英国石油在新任 CEO 的指引下，立即开展调查。调查发现，这次石油泄漏是由于维护操作及管理上的疏忽导致。

为了解决维护及管理问题，新任 CEO 认为是内部原因，而且只能靠在公司内部加强沟通才能得到解决。新任 CEO 开了一个博客，让员工在上面讨论公司能够如何提高业务水平，此外，还让公司以外的转机及环境专家决定如何解决问题。

最终 BP 完成了清理和修复，而且用往常一半的时间开展了一项新的安全工程计划。

起亚汽车 — 在转机中的领导及管理

韩国起亚汽车惊人地成功实现了公司转机，花了一年（2000 年）的时间就从 7 万亿韩元（62 亿美元）的赤字泥潭爬出，创造出 1，800 亿韩元的盈余。在 24 个月之内摆脱法院破产管理。起亚副总裁 Uhm Sung-yong 告诉《亚洲时报》的 Suh Hae-sung，成功转型的答案就是 "强势的重构"。显然，起亚削减了 30% 的员工，从 29，000 人削减为 40，000 人，而且 5 家公司最终合并为一家。 在 1998 年合并起亚的现代也注入了新资金。

现代集团主席亲自管理起亚的业务，经常去生产线查看，并鼓励员工。这次合并显然对两家公司都有好处，而且他们都各自保留了自己的独立性。强势领导在艰难时期发挥了很大作用。

香港家族业务案例 — 需要专业性

某香港上市公司由一个大股东所管理，这个大股东兼主席的家族从服装制造起步，继而业务却扩展到一个非相关的产业——在中国的物业管理投资。服装作为他们的核心业务多年来一直在增长，但是业务后来由家族中缺乏经验的人接手，他们在财务和金融管理方面尤其不熟悉。

主席跟公司的其中一个成员在新项目业内有很好的人际关系，但是业务发展小组却缺乏物业发展经验。该公司承接了一项办公楼及住宅大项目，但是当他们开始开发时，这块地皮的价格开始下跌，使银行所持的安全价值减少。此外，该公司在服装行业的核心业务也遇到了强劲的竞争，现金流让他们陷入了财政困境，增加了他们在银行方面的顾虑。

该公司的健康状况评价结果是：家族成员的不善管理破坏了正式的层级汇报结构，这正是需要修复的环节。这样的管理导致许多有能力的管理者都选择了离开，但公司管理层并不愿意改变现状。另外，公司的信息处理及财务系统都不规范，没有管理账户或者预测。最后，该公司在现货、货存和报废率方面都缺乏管理。

该公司的成功转机需要以下调整：恢复信息系统及监控，实现妥善管理控制； 实行有效的、专业的管理；制定一个清晰的营销策略，主攻公司核心业务；.将业务成本减至一个有利于长期发展的水平。建立起一个资金结构，适应日后的业务需求。营运及其他效能需要合乎生产计划 、机器生产及技术更新。同样重要的是，他们需要出售非核心业务，提高公司的现金流。还有一点，正如我们在本书开始时所谈及的，该公司需要一个专业意见的合理组合，通常这个组合是超出财务和法律专家顾问范畴的。公司在转机小组带领下进行康复的过程中还需要妥协。

集中在核心竞争力 – IBM，GE，微软和创新科技

在竞争越来越激烈的商场上，患病的公司需要回到最基础的状态。它需要集中精力在核心竞争力，而不是为了求存一味开拓新市场。通常这是患病公司的唯一选择，因为他们已经没有足够的财政资源支撑他们开拓非核心业务。

麦可·波特（Michael Porter）找出的其中一个竞争策略是将公司有限的资源集中在一个或某些产品市场上。

IBM

IBM 的转机 CEO 郭士纳（Lou Gerstner）也有给我们更多的经验："不要假设你必须通过开展新的业务才能成功。成功经常只需较低的成本 – 在你原来已有的业务和技术上做得更好。"在郭士纳1993 年上任 IBM 主席和首席执行官之前，华尔街预测 IBM 马上就要破产或者解散。大部分新的业务都要前期成本，导致患病企业在业务上的损失是无法承担的。此外，一些珍贵的资源也要被调配到处理新的业务，使得公司的强项削弱。这就正是需要认真进行重新评估的时候了，资源需要优先化 – 核心业务应该得到重视。

GE

为了给核心业务释放资源，患病公司需要处理那些无收益的或者非相关的业务。这个观点也被 GE 的前主席杰克·韦尔（Jack Welch）认同，他要求GE 的业务在他们的市场内必须是首要的或者次要的，否则他们就要大规模改革，出售或者倒闭。GE 的员工数量削减了 100，000 人。

但是，韦尔所创造的股东价值世界上任何其他一个CEO还要高。

微软

微软让每一个员工都百分百集中在他们所针对的市场。就像没有人可以将自己的生命奉献给两个事业似的，微软相信没有员工可以将同样平等的精力花费在两个不同的项目上。除了极个别的员工外，在微软的所有人只有一个主要的任务。对于副总裁来说，这个任务就是取得整个桌面应用市场。

创新科技

新加坡创新科技（世界上最大的 PC 音频产品制造商）的主席兼首席执行官沈望傅在 2001 年 6 月结束的财政年度遭受高达 1.304 亿美元的重创下，开始重新制定业务重点及重组。罪魁祸首就是创新开始进入了高科技领域的投资，开始时虽然获利丰厚，但是由于全球性股市崩溃，创新该年的净投资损失及资产减值达 1.5 亿美元。所以创新的

业务重新集中在个人电脑的音频设备，尤其是声霸卡系列。沈望傅解释道："最近我们重新思考，重新查看我们的数字记录。我们发现，如果我们当初只集中在音频设备业务，我们的业务会有更高的盈利。每当我们尝试拓展音频设备之外的业务，这些新的业务表现只是很一般。我们完全可以没有这些新业务。"他认为，"我们应该从中吸取教训，在经济情况不是很理想的时候，我们应该集中业务。即使在经济衰退的时候，我们如果主攻我们所熟悉的核心业务，我们也是可以获取丰厚盈利的。"

对过去理论假设的挑战

一些专家的错误理论假设和观点，一而再，再二三地让许多公司偏离正轨。

梅赛德斯－奔驰错失了小型车市场的机会，因为他们 1900 年度调研预测显示"全球对汽车的需求不会超过一百万，因为司机的数目有限"。

迪吉多（Digital Equipment）的总裁肯·奥尔森（Ken Olson）在 1977 年曾说，"没有任何理由有人希望在家有一台电脑。"甚至 IBM 主席托马斯·沃森（Thomas Watson）在 1943 年也说，"我认为全球的电脑市场为 5 台。"

IBM 的另外一位主席 Another chairman of IBM，约翰·艾克斯（John Akers）在 1983 年说道，"全球的电脑市场为 275,000 台。"

正因为这些错误的观点，迪吉多 和 IBM 迟迟未进入个人电脑市场一点也不奇怪。

即使那些所谓的专家也被证明是错的。玛格利特·撒切尔（Margaret Thatcher）在 1977 年度电视采访中说到，"没有，我没看到我这辈子能当上一个女首相。"两年后，她当上了英国的第一个女首相，而且连续当选了三届首相(1979–90)。

即使精英云集的美国五角大楼在伊拉克入侵科威特的前两天还评论说，"萨达姆只是吹嘘，他是不可能发动袭击的。"

为了保证有效成功的执行，转机 CEO 必须批判性地重新审视每一个公司在过去做出的假设。像诊测（如验血）一样，过滤一下所有的假设，看看到底哪个才是祸根。

通过出售提高现金流

一个有效提高金流的方法是清算或出售公司非核心业务或资产。

泰国蓝筹集团 Siam Cement 为了扩展业务，借贷了大量美元。当泰铢在 1997 年大幅贬值时，Siam Cement 的外债高达 50 亿美元。最后 Siam Cement 不得不分离 40 多个子公司，减轻负担，出售像铸钢，汽车零部件和玻璃制造厂这些非核心业务。2000 年，Siam Cement 录得了自 1997 年出售非核心业务以来的首次良好财政报告。今天，Siam Cement 已经成为陷入危机的泰国企业如何重振雄风的典范了。

另外一个通过出售非核心资产和业务得以成功转机的企业是 Neptune Orient Line (NOL)。1997年 NOL 收购了在行业中领先的航运公司 APL，但是不久之后的金融危机却导致 NOL 在 1997 年和 1998 年两年连续亏损。为了摆脱财政危机，NOL做出了一个大胆的决定，出售了它的总部，美国铁路网络及在许多国家的资产。NOL 也关闭了在中国的一家亏损合资公司。1999 年，NOL 在亚洲经济恢复的同时也重振雄风。

与客户及供应商重新谈判，提高现金流及利润 —— 中型企业的策略

终止对一个业务贷款就像对一个器官终止的供血一样。一旦银行这么做了，也就意味着公司要破产了。那我们可以做什么呢？一家中型的刀具公司家

族产业给予了答案，但是他们也花了三年的时间康复。银行的最终建议就是让 CEO 找一个精通企业转机的会计师。他后来出售了公司的某些地产，用这笔钱寻求支援，结果是物有所值的。他还在医生的要求下，开始服用抗抑郁药。

在店里走了一圈并进行查账之后，可以看出来公司已经病入膏肓了。但是职员都很专业，CEO 愿意作出任何改变，客户总是得到很好的服务，而且他们对公司的忠诚度都很高。专家认为这间公司还是有希望的。这些都在向银行的建议书中一一列出，这家银行总是网开一面取消抵押品赎回权。"我们银行是现在还是在 30 天内取消抵押品赎回权是没有区别的。"借贷官最后总结说。

CEO、全体职员以及那位企业转机专家马上开始从调查发现着手：

一项成本分析显示，虽然企业在运作，但是许多单子获利甚微。"我们公司不能追逐收入而忘记了盈利。"这句话写在销售的案头公告牌上，也是员工

大会时的要点。于是，团队同意提高某些价格，放弃一个拿不到足够利润的大客户。

为了提高现金流，他们跟所剩关系最好的客户及最大的供应商联系。一方面让这些客户付款更快，另一方面让供应商能提高赊帐水平。在供应商那边，这家钢铁公司愿意以 1 美元抵 2 美元的产品，不向 70 天以内的帐单收取利息。大约 3 年以后，这家公司不再负债，跟银行的关系也好起来。这位 CEO 也不需要服抗抑郁药了。

采取一个合适计划，给这家公司一个机会。我 90 天之内都不会给你们付钱，但这是你们能够拿回你们的钱的最好选择。"债权人们都同意了。

在新的计划下，他们削减了企业管理成本以及管理层的薪金，将那些早应该出炉的新设计投入生产，把精力集中到他们的核心业务上。

债务减少了，借贷和亏损状况都开

中型企业的现金流及成本控制方法

一中型企业面临有一个季度的亏损。"企业倦怠，缺乏计划，公司根本没有前进的动力。"CEO 承认。

CEO 采取行动，跟债权人说，"我们有一个选择。我们今天就可以关闭这家公司，或者我们可以

第四章

第二阶段

复苏

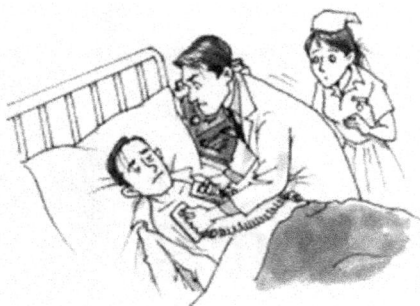

4.1 患有心脏病的跨国公司

- 背景 ：外国跨国公司，承包及工程

- 问题 ：利润下降，亏损，员工流动频繁
  方向 ：漂流

- 定位 ：技术性的，有反应的

- 管理 ：远程的，由上至下的

- 结构 ：冲突与内讧

- 沟通 ：封闭，谣言横飞

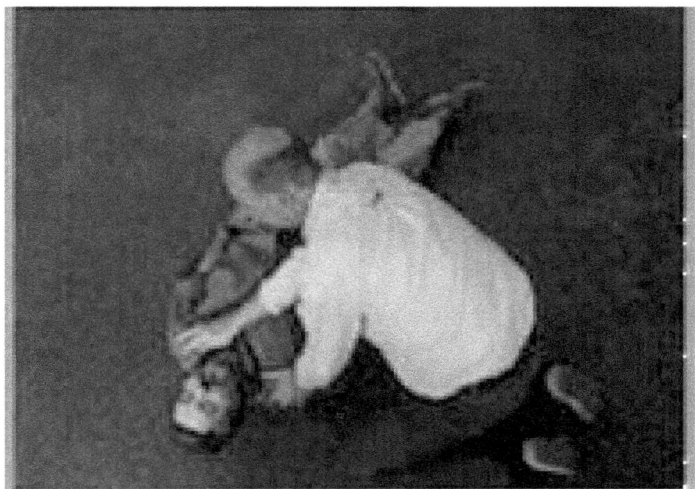

心脏复苏的方法很多，可以提高价格，亦可出售企业。

4.2 复苏阶段的重要性

➢复苏的主要目的是提升业务

➢削减成本是短期的，有限制的

➢业务增长对于维持康复很重要

➢企业就像有机体那样，需要成长；否则就是凋谢或者死亡

➢复苏的技巧更加依赖于市场营销

> The question about IBM is no longer
> one of survival. IBM is back,
> and we're here to stay.
> The question now is, can IBM grow?
> Louis Gerstner

IBM 已经不再是为了生存，IBM 已经回来了，我们就在这里。现在的问题是，IBM 能够成长吗？

——路易斯·郭士纳

4.3 业务复苏的 8 个要点

1) 确定企业目标

2) 坚守阵地/进行咨询

3) 把注意力集中到客户和竞争对手上

4) 开发合适的产品和制定合适的价格

5) 执行侵略性市场策略

6) 用服务质量进行差异化

7) 加强品牌

8) 投资未来扩张

目标：确定企业目标

收集信息：坚守阵地/进行咨询 （如果必要的话）

把注意力集中到客户和竞争对手上

短期策略：开发合适的产品和制定合适的价格

执行侵略性市场策略

长期策略：用服务质量进行差异化

加强品牌

投资未来扩张

一个好的复苏策略就像强心针，可以使一个企业起死回生，而不需要手术的痛苦。

4.3.1 确定企业目标

制定及实施企业目标是复苏很关键的一环

它指引企业往正确的方向发展

对于跨国企业，虽然企业在销售榜上排名第一，但它仍然亏损

在复苏的过程中，企业的目标应该清楚地说明：应该药争取利润的第一，而不一定是销售的第一

> **"明确的目标是所有成就的起点。"**
>
> 克莱门特·斯通

4.3.2 坚守阵地（如果必要的话，进行咨询）

坚守阵地需要 CEO 搜集第一手信息来作出明智的决定

外援顾问，比如治疗师，可以帮助企业制定策略，进攻新市场，开发新产品，并购，品牌宣传等等

2010 © Corporate Turnaround Centre.

> There is an old saying in Spain:
> To be a bullfighter, you must
> first learn to be a bull.
> **Anonymous**

西班牙有一个古老的说法：要想成为一个斗牛士，你必须学会当一头牛。

无名氏

4.3.3 把注意力集中到客户和竞争对手上

➤ 你的市场策略重点应该是*客户和竞争对手*

➤ 了解你公司的强项与弱点，也要了解竞争对手的强项与弱点

➤ 分析你在客户－竞争取向矩阵所在位置

　　○ 竞争为驱动

- 市场驱动

- 客户驱动

- 企业内部驱动

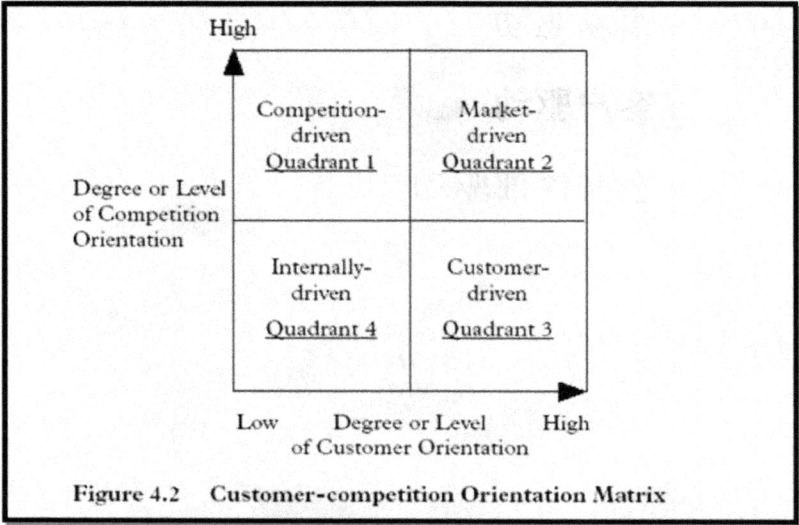

Figure 4.2   Customer-competition Orientation Matrix

Degree or Level of competition orientation: 竞争取向的程度或水平

Degree or Level of customer orientation: 客户取向的程度或水平

Quadrant 1: 矩阵 1

Low: 低

High: 高

矩阵 1 的公司把过多精力集中在竞争上，忽视客户需求 —— "赢了战役，输了战争"

相反的极端是矩阵 3 的公司，它们太过注重客户，而忽视了其他市场动态

矩阵 4 公司——内驱型公司更加可悲。它们被内部问题弄得筋疲力尽 —— 不良工作流程，管理不善，政治活动等等——满足客户需求被抛诸脑后了。

推荐公司采取矩阵 2 的市场驱动型策略。
此策略可保证生意兴旺，长期发展。

> *要治疗病症，了解竞争对手和客户。*
>
> *要除去病根，了解市场。*

Better understand the market or it will destroy you.

最好要了解市场，不然它会毁了你。

4.3.4 开发适当的产品和制定适当的价格

➢ 制定企业目标，决定客户－竞争对手重点，同时留守阵地，然后转机CEO 的下一步就是优化产品和价格组合

➢ 能够给予用户真正利益的产品和表现不断提升的产品才能够真正让用户感兴趣

➢用户除了关注实用性之外，还会考虑范围更广的产品表现

➢对于某些产品，体验和情感作用也是衡量产品表现的主要指标

➢为产品制定合适的价格就像人工呼吸一样，容易管理，能对底价有立竿见影的功效

➢为目标市场制定合适的价格很重要——不同的地域可能需要不同的定价

2010 © Corporate Turnaround Centre.

> While great devices are invented
> in the laboratory, great products are
> invented in the marketing department.
> William H. Davidow

好的设备是在实验室产生的，而好的产品是在市场部产生的。

威廉·戴维多

你可以拥有财富与智慧，但是你最好拥有健康。同样地，你可以拥有表现和质量，但是你最好有合适的定价

4.3.5　执行侵略性市场策略

一个侵略性市场策略就如一个垂死生命的
一次心肺复苏

在这个阶段的市场策略首要为了产生更多
盈利的业务

在危难之时，我们可以看到员工自怨自
艾，给自己舔伤，或者互相指责

电子商务和网络市场营销在复苏阶段来
说，是其中一个较好地进行市场探索的市
场策略

> In recession, we need more business, not less.

在低靡时，我们需要更多的业务，而不是
更少的业务。

在复苏阶段实施市场策略的要点如下：

➢ 不要过度裁减市场部。其实，从你的竞
  争对手挖来好的销售主任也是不错的主
  意。

➢ 杜绝员工互相指责，鼓励他们做一些有
  建设性的工作

➢ 开发电子商务和网络市场营销的途径

尤其对于中小型企业来说，网络市场营销
的关键步骤，以及相应的工具如下：

- <u>确定潜在的利基市场</u>

  - <u>www.wordtracker.com</u>帮助评价关键词的有效性

  - <u>www.inventory.overture.com</u>

  - <u>www.goodkeywords.com</u>

  - <u>www.pixelfast.com/overture</u>

  - <u>www.google.com</u>

  - <u>www.ebay.com</u>

  - <u>www.Bigboards.com</u> (论坛)

  - <u>www.Del.icio.us</u> (书签)

  - <u>www.icerocket.com</u>

- <u>测试利基市场</u>
  - <u>www.google.adwords.com</u>
  - <u>www.payperclickanalyst.com</u>

  帮助确定所找到的利基市场是否可行

- <u>确定合适的产品或服务</u>

- <u>撰写有效的销售信</u>
  - 如以下技巧：
    - 标题（为了吸引注意力）
    - 利益（为了刺激产生兴趣）

- 卖点（为了满足欲望)

- 订购/致电 (为了行动)

寻找供应商：

- www.elance.com

- www.getafreelancer.com

- www.scriptlance.com

- www.guru.com

- www.odesk.com

- 建立一个网站: 有效的网站建设技巧

  - 录音/视频特色

- 互动模式

- 顾客推荐

- 调整版面以获取可能成功的电邮地址

- 域名和网站托管

  - www.GoDaddy.com

  - www.hostgater.com

○ 增加你的网站流量

- 点击率优势可通过 www.google.adwords.com

- 搜索引擎优化可通过

  - 元标记

- 链接

- **RSS feeds**

- 提交文章可以通过

  - www.ezinearticles.com

  - www.goarticles.com

- 博客可以通过

  - www.wordpress.com

  - www.bloggerspot.com

- 新闻发布可以通过

  - www.prweb.com

  - www.prwebdirect.com

- **Ezine** 广告可以通过

  - www.ezines-R-US.com

- **www.directoryofezines.com**
- **YouTube** 录像广告
  - 免费、有效
  - **www.youtube.com**
- 直接市场营销可以通过
  - 客户数据库
  - 自动回复者

○ 人际社交网络
- 人际社交网络发展迅速
- 各公司正研究如何用此赚钱

- 用共同利益，建立起人际关系网络

  - <u>www.facebook.com</u>

  - <u>www.twitter.com</u>

  - <u>www.linkin.com</u>

  - <u>www.myspace.com</u>

- <u>监控和调整</u>

> In times of great stress and adversity,
> it is always best to keep busy, to plough your
> anger and your energy into something positive.
> **Lee Iacocca**

无论在巨大压力之下，还是在逆境中，更加应该保持忙碌，让你的

愤怒与能量化作成果。

——李·艾柯卡(Lee Iacocca)

> We are all faced with a series of
> great opportunities brilliantly disguised
> as impossible situations.
> **Chuck Swindoll**

我们都在面对机遇，但是这些机遇都假装成是不可能实现的难题。

——查克·斯温多尔（Chuck Swindoll）

4.3.6 用服务质量进行差异化

- 企业如何服务顾客经常比产品本身还要重要

- 现今，客户将对你的产品忠诚转移到你的竞争对手，通常是因为服务质量的差别

- 培养良好的服务质量文化对于企业拥有一个良好的免疫系统很关键

下面的名言指出利用服务质量进行差异化
的必要性：

There are no such things as service industries. There
are only industries whose service components are
greater or less than those of other industries. Every-
body is in service.

Theodore Levitt

Our goal as a company is to have customer service
that is not just the best but legendary.

Sam Walton

I think we are waking up every day saying: How can we
build a better service for our members?

Steve Case

其实并没有服务业。只有服务成分比其他行业大或者小的行业。每个人都在服务业。

——西奥多．莱维特(Theodore Levitt)

我们作为企业的目标就是让客户服务不仅仅是最好，而是传奇。

——山姆．沃尔顿 (Sam Walton)

我想我们每天早上起来就说：我们怎么为客户提供更好的服务？

——史蒂夫．凯斯 (Steve Case)

4.3.7 加强品牌

- 长远来说，患病企业需要建立一个强势品牌来使业务复苏

- 市场营销是如何让你的客户牢记你的品牌的一场战役——你必须意识到，客户只能记住有限的品牌

- 一个强势的品牌掌控着很高的品牌资产——这是其中一个很有价值的市场资产

下面的名言强调了品牌对于成功企业的重要性：

> Any damn fool can put on a deal, but it takes genius, faith and perseverance to create a brand.
>
> **David Ogilvy**

> Brands will still be brands in the future ... but there will be two successful kinds – big powerful brands and specialist, niche brands.
>
> **Al Ries & Jack Trout**

> Brands will be important and if your brand is not number one or two, you may be kicked out of the market.
>
> **Philip Kotler**

任何一个愚蠢的人都能够进行交易，但是只有天才，信念和毅力才能建立品牌。

——大卫．奥美(David Ogilvy)

品牌以后也是品牌……但是会有两种成功的品牌——大型、强势的品牌和专业的利基品牌。

阿尔．里斯（Al Ries）和杰克．特劳特(Jack Trout)

当你的品牌不是数一数二的时候，你的品牌就很重要了，你可能会被踢出市场。

——飞利浦．科特勒（Phlilip Kotler）

4.3.8 投资未来扩张

- 这一步会在基本复苏方法就位的时候开始

- 资源可支配是未来扩张的关键，而且这也学要仔细规划

- 未来扩张可以是以下形式：
    - 生产设备的扩张
    - 进军新业务
    - 并购

- 并购中需注意避免的陷阱：
  - ✓ 没有做好充分准备
  - ✓ 时机不对
  - ✓ 自负陷阱
  - ✓ 偏爱购买成功，
     而不是利润
  - ✓ 扩张过快可能会致命
  - ✓ 企业自负麻醉商业触觉

> **Corporate egotism is the anaesthetic that dulls the business sense.**

复苏阶段
案例胶囊

脚踏实地 – 可口可乐、**POSB** 与 **IBM** 的案例

有的时候，从第三方角度作出的建议可能会歪曲了民众的观点。经典的例子有可口可乐和 **POSB.**

可口可乐

在可口可乐推出新可乐之前， 他们聘了一间优秀的代理帮他们进行民意调查。无数的味道测试表明，蒙着眼的消费者信誓旦旦地说他们喜欢新可乐胜于旧可乐。根据这些资料，可口可乐以巨大的广告预算和大量的宣传推出新可乐。然而， 新可乐的推出并不顺利。

有些消费者不喜欢新的口味，他们甚至只买店铺里的旧可乐，将它们一扫而空。这个"故事"被媒体关注，可口可乐被认为是迫使消费者消费新可乐，其实是消费者想要的是旧可乐。最后，抗议越演越烈，旧可乐一下子就卖光了，可口可乐被迫重新推出旧可乐，并更名为经典可口可乐。

POSB

新加坡星展银行是另一个例子。在 1999 年 3 月与 POSB 合并后（新加坡的国家储蓄银行），在外国顾问的意见下，他们决定 DBS 将是主品牌，而 **POSB** 被降为排在主品牌之后附属银行。因此，新加坡最受欢迎的银行似乎注定要被银行历史所遗忘。

一位业内人士提到，由外国顾问的建议表明，他们不明白新加坡人对 POSB 的感情依附，其中许多人与银行同时成长。"他们的到来冷冷冰冰，没有充分认识新加坡这片国土，"该消息人士被引述说。

但随着舆论哗然，**DBS** 银行承认，它采纳这一建议是一个错误决定。它决定不仅保持低成本的银行品牌，而且还要加强它。

IBM

郭士纳，**IBM** 的首席执行官成为 **IBM** 公司最勤奋的推销员 – 不远千里地访问主要客户和潜在客户。

他的做法发出明确无误的信息给每一位员工，告诉他们要亲历亲威，给 **IBM** 公司树立新形象。在与市场保持联系的同时，郭士纳能够作出正确的决定，使陷入困境的 IBM 成功转型。

理解消费者与竞争对手

在银行业，更好了解客户和竞争对手的概况，客户服务与盈利能力之间的资源分配可以产生惊人的效果。

例如，亚德里安.J. 斯莱沃斯基等在《盈利模式》指出，对于一些银行，百分之三十的客户群可产生百分之 130 利润。另外百分之三十与利润持平，而剩下的百分之四十产生银行的运营利润损失。意识到这些不均衡的数据，一些银行已采取措施阻止无利可图的顾客，故意将他们引向他们的竞争对手。

计算机技术的进步使银行能够识别这些无利可图的顾客，并从他们的储蓄账户或签发的支票等服务中进行收费。这些无利可图的顾客一般有两个选择：要么他们在帐户余额低于一定数额时进行缴费，或者他们会巧妙地被"鼓励"转向其他银行。为激励和留住有价值的客户，银行提供分层的方案以让他们保持较高余额，如更高的利率和优先处理交易。

以竞争为驱动

"击败"竞争对手的偏见是短视的，一种"机会是有限" 的错觉（也就是，竞争对手的消亡是唯一的解决办法）限制了公司的业务，从而放弃了一系列可令人振奋的未知可能性。

因此，为了消除这些消极的偏见，公司需要把目光投向前方，而不是岔道。

回顾商业史，这点也是能得到证明的，如嘉信理财的折扣经纪服务，戴尔电脑公司价格优势/邮寄订单/售后销售服务组合和微软的 Windows 操作系统软件，许多成功的公司并没有"扼杀"竞争这一狭隘思想所蒙蔽。

相反，他们能够进入未知的领域，开辟利已市场，开创以前没有的新市场机会。

因此，最具竞争力的是没有竞争。

这可以通过不玩游戏你的竞争对手所玩的游戏，而是通过制定和部署一个独特的战略，改变市场规则，使之有利于己。

以客户为驱动

胜家公司并没有意识到其客户很看重一个简单的缝纫机。它的工程师不断增加复杂的功能，因为他们认为这可以增加对家庭裁缝的价值。然而，销售人员并不是和真正的客户接触。他们只是听取部分零售商的建议。通过添加更多的小工具，胜家实际上是为错误的人群进行创新。

因此，重要的是要使客户所重视的符合公司认为客户会重视的。

市场方向

公司不仅要具备竞争中的实际操作感觉和熟悉客户的需要，还要有前瞻性，作出更大的改进。例如，百特医疗公司让员工在医院客户所在地办公。

在新兴的知识型经济，大量生产，大量销售，大量分销等已不能满足客户的需求。仅仅提供消费者想要的东西主要是基于过去的经验——提供给人们今天想要的东西或今天喜欢的东西。然而，为消费者提供他们将来想要的东西往往更加重要。为了保持竞争优势，成功的公司必须为明天作战，发掘客户的""潜在需求"。"潜在需求"可以被定义为，客户可能真正认为有价值的，但从来没有经历过或用语言表述过的欲望。对于公司来说，这些意味着什么呢？他们不应该仅仅是被消费者的需求牵着走，而是通过推动市场，引导消费者对公司的产品和服务有所需求。

有一个公司一向奉行这一套，这就是微软。除了研究消费者对产品问题的看法，以及时刻关注他们需要什么，微软还利用从领先的买家中积累的信息预测未来的需求。比尔盖茨说："我们的消费者要求越来越高，因为他们应该这样做。"在《商业@思考的速度》中，盖茨被引述说："你不能单看过去或当前市场状态。你还关注在某种环境下的趋势，然后根据你的预测，制定公司发展方向。"

追随客户的困难在于客户往往是需要被引导的。事实上，微软取得重大的突破不是响应客户的要求，而是对他们需求的预测。微软是成功的，因为它以市场为主导。视窗出现之前，只有苹 ma 用户才有这种设想。但苹果在等待客户的反馈的过程中却让微软窃取了这次有价值的市场领跑者机会。

其他的类似成功例子不胜枚举。

例如 3M 公司的 Post-It® 便条纸是现在最常用的办公产品之一。Post-It® 系列文具和其他产品为 3M 公司带来高达 6 亿美元，之前其实并没有消费群需求过这个市场。

特德·特纳（Ted Turner）于 1980 年推出的美国有线新闻网是另一个例子。刚开始，特纳被资深电视业内人及三大电视台 - CBS，NBC 和 ABC – 取笑。他们并没有开拓利基市场 – 24 小时的新闻服务，其他信息查看选项，有线电视网络等。

彼得·德鲁克（Peter Drucker）指出，日本能够在传真机行业处于领先地位，是因为他们能够问自己："这台机器针对的什么样的市场？"，因此，创造性的管理人员每天都提供大量新的想法以及对时刻变化的市场做出回应，市场总是充满了预示着未来赢家的线索和信号。

新千年的新一代客户会对那些知道生意不再是买卖产品或服务的公司感兴趣。关键在于了解消费者无形的和潜在的动机与欲望。现今是否能赢得市场取决于公司及其代表的总体经验，其中包括消费者现有的和潜在的欲望。除了了解客户目前和未来的需求外，市场为驱动的方向的另一个重要方面是知道现在和未来打击竞争的策略。在这个竞争激烈的时代，这一点尤为重要。

通过调研和新产品系列成功转机——柯达案例

虽然其亚洲业务在增长，但该公司因其竞争对手在美国和欧洲的销售大幅减少。投资者和债权人给公司巨大压力。他们的立场是，这个大型影像公司不能在数码世界生存，因为它进入市场为时已晚，特别是来自日本的竞争对手们已经占据了核心设备和服务的市场份额。对于管理层的要求是利用其可利用的现金发放股息，在清算或出售前尽可能长地支撑一个垂死的企业。转机管理团队及行政总裁制定了不同的计划，并力排众议坚持这个计划：他们将出售前现金牛业务的一部分，如除了在亚洲和拉美市场外的数码相机业务等， —— 减少的提议的约百分之 **70** 的股息，将 **30** 亿美元投入研发数字市场。勇气和明确的行动计划解救了公司，柯达以大幅度业务及利润增长成为了数码世界的一个强势竞争者，起死回生。

在企业转机中产品设计的重要性——丰田汽车案例

世界上与其他企业在设计和产品开发上合作最成功的是日本丰田汽车。在开始阶段，公司可能首先从海外低价值产品开始。通常的目标是达到较低的生产成本，产品创新以及生命周期的延长。目标是避免高薪筹

和较短时间内的传统的实体企业投资。位于法国华伦西安兹丰田汽车厂的代表告诉纽约时报记者说，在

2006 年夏天，丰田法国工厂除了推出新设计，还要说服欧洲人接受丰田， 增加丰田在欧洲的销售。

虽然丰田的设计和生产欧洲分公司对丰田来说是一个风险，但它在欧洲的销量与美国的一样在不断攀升，

根据丰田的经理，丰田多年来一直在全球设计和产品开发上很有经验。

在许多国家，包括美国和欧洲国家，消费者对最新环保技术有很大需求。来自印度和中国这些国家的工程

师在他们的创新上承认这一点。对最新环保技术的追求意味着目前的产品必须进行重新设计——全球产品

开发团队是一种解决方案。印度最新设计的一个先进的环保数据存储产品可能可以取代目前的存储磁盘就

是一个例子。而开发成本比在西方国家本土开发要较。这也是企业转型的关键一环。

正确的 产品与正确的价格 — 台湾明基的策略 — 不要伤害你的客户

台湾企业一直是为全球知名品牌，特别是在液晶显示器，笔记本电脑和 pda 制造领域提供支持组件的主要

生产商。但是为客户贴牌的这些产品利润已大幅下降。这些台湾企业都面临着损失的威胁。 由于竞争，

他们已不能从客户手中得到更多。如果他们试图建立自己的品牌，这将是转机计划，他们将必须非常小

心，不要与他们的核心客户抗衡。这是很难解决的问题，如果不进行转机计划的话，它可以很快导致企业

的业务倒闭。

一台湾公司正在试图把这种被迫态状扭转，采取了这样一种解决方案，希望这个方案是可行的：他们购买了一个全球知名的品牌（西门子）及其使用权年限（5年）期间的主要品牌（西门子），而他们（明基），以及他们购买的产品的权利，并没有与他们的核心客户产生直接的竞争。其他台湾公司在已经开始采取与他们类似的计划，例如 TVP 购买了荷兰飞利浦公司的计算机显示器业务的一部分，使 TVP 在全球市场上成为最大的计算机显示器厂商。希望这些预防措施将取得成功，而遵循无需等到体温上升，血压下降时的原则。

停留于一个较低的水平（在一名顾问的帮助下）— 关于一个手机运营公司的案例

大型手机运营商会发现一个迅速恶化的局面，每当一个新的同行注册开业以后，或随着其它的手机运营商的积极收购而导致的业务快速增长的业绩下滑。问题是，为什么这样错误的事情会总是发生在手机行业的业绩上升之时。而且，一旦查明了原因，应该怎样做，以扭转局面？

公司管理层认为，公司应具备良好增长条件。他们赌博似的用大量的投资资本收购许多较小的同类公司从而使业绩预期得以改善，并作为规模和市场影响力，提高收购方公司的效率结果。该战略看来是有道理的，它能为公司提供激进的定价策略和强大的新的和原有的本地市场的零售业务。

定价和营销计划伴随着合理的销售增长和生产量降低，似乎一定能获得强劲盈利。然而，未能达到预期目标的渗透产生的 ARPU 值（每用户平均收入），这远低于行业平均水平；这反过来又导致了重大的投资回报率的预测失误，从四分之一到到更多。这导致了公司股票价格下跌和投资者的强烈抗议，从而被要求对这一问题采取行动。

随着危机的恶化和公司的问题或解决方案没有明确的定义，从而寻求第三方专业的管理顾问的援助。对业绩不佳的大多数手机的公司。专业顾问努力的提供了许多相应的解决办法，专业顾问可对于任何客户的情况提出解决方法，无论什么范围的问题。

一个典型的例子是某某顾问受聘为这个客户进行业务的审查。实际上，任何手机供应商都可以从某某顾问得到好的建议，从而在公司的基准定价，销售，客户服务和针对其竞争对手的表现等重点领域得到改善和提高。公司想知道他们应如何加强自己以抵御竞争对手，但通常他们没有对其他竞争对手的表现作出基于事实评估的知识深度。

凭借深厚的数据库和广泛的研究，技术诀窍和对服务性的手机行业多年的建设，通过某某顾问的资源和视角，一家手机公司需要在不断和竞争的市场动态变化趋势相一致的轨道上来。例如，某某顾问对那些可以测量的他人的，或者说一个公司如何努力，它的销售保持在成本比较公司的销售成本为每次通话的基础。而且，可以看出在这种情况下，某某顾问的专业人士拥有必要的管理经验，建立成功的战略，以解决几乎所有一系列的挑战。

专业顾问解决方案

为了找出破坏客户的成功问题的全部范围，专业顾问成立了两个小组：一个是战略部门，CSMG。另一个就是行动的咨询组。CSMG 将提供在地方和国家市场方面的现有市场条件的深入研究的技术专长，针对众多的参数和衡量标准，衡量公司业绩。而行动小组则提供相应的组织结构和流程的洞察，这是识别和解决核心问题必不可少的。

这些专业队伍提供了客户端的基准和对行业的组织结构的运作执行会遇到的阻碍。它能够满足财政目标并把相应的缺陷全面表现出来。随着其结果提交公司管理层，他们用他们的调查结果制定了一项行动计划，这是一个扭转乾坤的建议。所有这一切成就在短短 8 个星期内，该公司提供了路线图，以表明其恢复成本是有效，因为它是成功的。

具体而言，调查结果和建议涉及以下领域：

市场表现

一个针对人口统计，竞争服务和其它因素从该公司所在的五个地区，从而发现该公司的市场定位与强劲的增长潜力; 的确，最近渗透涨幅领先全国平均水平。同时，正在失去市场份额的是竞争对手。它的 **ARPU** 值低于标准值，从而流失相当多。与新的订户数量不成比例的是"信用的挑战。"，在同一个市场公司业绩指标下，这还有很大的差异。

虽然该公司被发现弱于竞争对手在某些领域，例如数据服务，手机服务和与第三方增强的内容在应用供应商的合作协定的范围内，但该公司比其它公司有更强的竞争项目，如语音服务的价格，计划和零售业务。

进入其他领域进行比较研究能为公司提供对该问题的的一些重要见解。例如，该公司发现每名雇员的收入较少比许多其他类似的无线服务供应商。虽然该公司一直是靠其比其他公司的零售渠道的新客户带来更大的份额，其平均销售生产力低于平均水平。这表明其在零售业务优势，实际上是一个整体的销售效率方面处于不利地位。

这是非常突出的，不像它的竞争对手，该公司的代理商的经营成本已比零售高。甚至一个不成比例的缴费份额还达到了零售商店的水平，这进一步增加了成本。这里最重要的揭示是，该公司 **5** 级以上的管理和销售是直接针对客户的，这等同于行业三至四层的标准。

这一比较市场研究表明，该公司的问题不是固有的市场或其供应商，而是他们的组织和运作出了错。这些都是专业顾问对该公司的基本结构和业务流程进行有效性的分析后得出的结果。

组织和运作

公司组织的首要问题，包括效率低下其分散管理办法。这源于对基础设施的区域管理的依赖，继承自物业的特性。不完善的管理和消除地区之间的重复的缺点将会分散影响在营销水平的表现，产品开发，销售和客户服务等各个方面。

例如，由于缺乏统一的营销策略，从而导致市场特设的一贯注重了解客户需求，需求的产品或产品定位反应不明确。这就象是在建立产品开发的过程中，没有一个特定的领导去领导这样一个过程是一样的。同样，混乱的情况及薪酬标准。以及关于销售队伍的部分服务的价值主张模糊认识，都表现在脆弱的销售指导和组织结构分散导致指导方向的不一致。

专业的顾问制定了补救措施，提出了处理所有的组织和运作上的不足的意见建议的行动计划。其中包括市场重组的计划要求，产品开发，销售和客户服务业务，对关键的高级职位的任命和巩固开始分散的地方管理水平。它还呼吁对零售商店进行组织整顿，关闭不必要的店面和对其运营进行适当调整。我们的建议包括了对业务流程范围广泛的建议和具体行动，将立即改善市场信息和销售业绩。

他提供的几个优先要实施的计划中第一的就是提高信心，这是扭转全球管理公司将采取的最重要的步骤。其次是不断精简市场销售业务和其它所有的方面。

给客户的好处

由于专业的顾问会对多个产品类别以行业标准全面的有针对性的进行广泛的管理，能够随时提出相关的建议。对市场环境进行技术评估，这将使公司明确的看到可以取胜的机会，而不是眼睁睁的看着失去市场份额。这也鼓励了管理层，它需要采取步骤来重组。虽然这个过程通常是非常痛苦的。

彻底的对结构进行的调整取得了优异的成绩。销售几乎立即开始好转。在未来两年中，该公司所有净销售额和市场收益，市场份额得到增长从而减少了流失。在不到两年的行动计划成立以来，所产生的收入使公司股东每股价值增加了 3 倍多。

在市场上，每个公司都需要明确它所处的位置，这需要考虑比较多的方面，这常常需要借助于一个第三方的洞察力，从而可以采取何种步骤以改善公司的运营，包括了是否需要客户服务，产品开发，销售效率，营销策略或其他关键的业务类别。这个客户清楚地表明，专业顾问能够满足几乎移动公司可能遇到的任何业务问题，从而做出突出的成绩。

第 5 章
第三阶段

护理

Phase III Treatment: Nursing

5.1 一个免疫系统不强的机构

- 背景　　　：　市场服务

- 问题　　　：　功能紊乱的企业文化

- 方向　　　：　救火、"不关心"的态度、负
　　　　　　　　　面的行动

- 管理发展　：　没有接班人计划

- 培训　　　：　说说而已

- 奖励　　　：　随心所欲

- 成绩管理　：　不认真、随便

这家公司具有以下特点：

- ●服务质量非常差落后于行业的的普通标准

- 士气低落
- 员工的管理态度-漠视
- 整个企业基于奖励的环境过于宽松

诊断的结果是：该组织的免疫系统非常脆弱。患有免疫缺乏症。

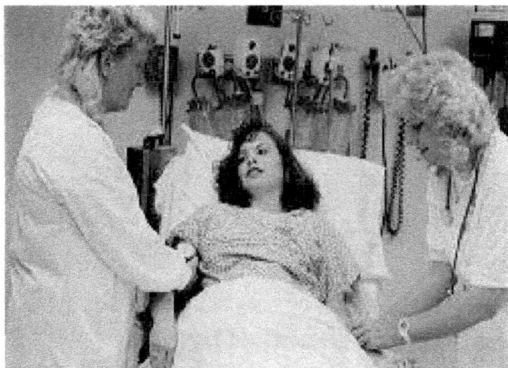

建设一个强大而健康的企业文化是不可能一蹴而就的。

它将花费你毕生的时间才能完成。

5.2 什么是护理阶段

护理阶段的本质是建设一个强大而健康的企业文化，其中包括：

● 一个企业理念

● 能自由流动的能量

● 灵活，快速和有针对性的行动方针

以下的图能最好的对其进行描述：

疗程 III: 护理－建立一个强而健康的企业文化

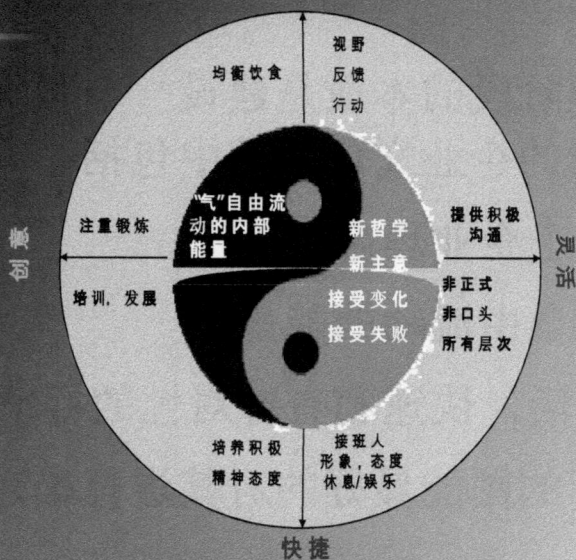

均衡饮食

视野
反馈
行动

注重锻炼

"气"自由流动的内部能量

新哲学
新主意

提供积极沟通

培训，发展

接受变化
接受失败

非正式
非口头
所有层次

培养积极精神态度

接班人
形象，态度
休息/娱乐

平衡

灵活

快捷

建立一个健康而且强烈的企业文化并不象打一次性的预防针。它是从今往后每天都要吃的维他命丹。

5.3 对头部和心脏管理

➢集中护理阶段之间的相互作用：

  ✓企业的理念

  ✓"气"，一种内部能量

➢企业理念，引用西方的概念（更直接），就是头部行为。

➢"气"是引用东方的概念（更间接），是对心脏的行为。

➢它们共同构成的核心信念告诉人们什么是神圣的，什么是可行的，什么是禁忌的。

➢支持加强身体免疫系统的企业理念和气，和其他先决条件和素质的行

为像非药物的治疗，共同加强身体免疫系统。

- ✓积极的心态
- ✓积极沟通
- ✓良好的饮食和运动

护理阶段中，用头管理自己，用心管理其他人。

5.4 为公司建立一个强大和健康的免疫系统的步骤

包括以下 8 个步骤：

- ✓ 引入新的企业理念
- ✓ 加强内部能量的自由流动
- ✓ 建立一个强大而健康的企业文化
- ✓ 建立行动的方针政策
- ✓ 进行均衡饮食
- ✓ 提倡积极的沟通
- ✓ 培养积极的心态
- ✓ 加强练习

5.4.1 引入新的企业理念

主要任务是使整个公司的心态遵循以下的基本原则和方向：

➢采用新的思路和处事方式

➢接受改变是持续性的

➢愿意接受失败的结果

再好的药品存放过久也会失效。

2010 © Corporate Turnaround Centre.

为了达到上述要求可采用以下的思路和处事方法：

➢观念已经成为了公司在新的知识经济获胜的主要原料。

➢基于新理念成功的事例比比皆是，对于现今的几乎所有行业而言。

- ✓耶稣启发他的弟子从渔夫到渔人的过程。

- ✓被指为愚蠢的华特迪士尼成为了最伟大的艺人。

- ✓默克公司进入了医疗保健行业通过收购 Medco

- ✓**3M** 公司的引导裹腿做法，也是在其革新中造成的。

以上这些都是现成的异想天开的伟大思想的例子。

如果你总是做基于你所认知的事情，你将不可能得到任何的创新。

接受改变是持续性的

通过有弹性的和前瞻性的生活和呼吸变化从而保持对竞争对手的灵活性

迅速淘汰是当今世界动荡不安的标志

如果有必要，您需要将销毁，创建和重建这一过程反复几次为了公司的茁壮成长

我们必需愿意将今天的一切都打碎为了保证我们在将来处于领导地位。这是违反常理的，但你必需在你的企业此时还在运转时干掉它。
Lou Platt

愿意接受失败的结果

今天的商业环境外部充满了许多病毒

对企业成功的关键是要尽快地从错误中摆脱，而不是重复相同的错误。

失败是成功之母

没有人能不经过尝试就获得成功。尝试的同时，他会发现其实它的一只脚已经踏进了失败。

5.4.2 强化内部能量的自由流动

➤"气"（内部能源）是中医的一个核心概念

➤你可以感觉到它，但不能在显微镜下研究它

➤在西方语言环境中的"气"，是指人类的精神，激情和能量

➤这是驱动人类进行不懈探索、创新和进步的动力

2010 © Corporate Turnaround Centre.

➢企业中哲学与气的相互作用为创造长期的成功创造了条件

你可能拥有全世界所有的智慧，但如果你没有想真正使之成为最好的企业的想法与激情，你将永远不可能成为最好的。

5.4.3 灌输一个强大而健康的企业文化

➢企业文化是企业内在的，根深蒂固的信念，是一整套影响和指导其组织成员的行为的指导思想和行为准则。

➢它在每一个组织结构中是一种独特的存在

➢ 强大而健康的企业文化就像一个强大的免疫系统，它能帮助该公司反抗病毒系统的入侵。

➢ 企业文化涵盖以下的概念：

■ 新的企业理念

■ 气或内部能量

■ 灵活，快速和集中的行动方向

➢ 一个虚弱的免疫系统可能会导致公司的垮台，因为它无法应付市场的变化。

我们自身的免疫系统是真正的疾病治疗师。

5.4.4 决定行动的方向

➢ 决定行动方向的 3 个方针：

1. 保持企业文化的灵活性，以促进其适应各种变化。

2. 必须快速且首要实施的是正确的经营战略

3. 专注于核心竞争领域

你要么创造历史，要么成为历史。

5.4.5 均衡饮食

➤肯布兰查德（《一分钟经理》的作者）说，**20**年前，人们认为早餐是一天中最重要的。

➤而时至今日你需要：

视 野：早 餐

反 馈：午 餐

行动：晚餐

均衡饮食

反馈::午餐

视野::早餐

行动::晚餐

视野，反馈和行动，一日三餐吃得好，把公司医生拒于门外。

5.4.6 提倡积极沟通

➢ 第一阶段-手术，沟通往往是封闭的。

➢ 在护理阶段，开始直接通话

➢迅速采取行动对市场信息和资讯进行利用，以充分发挥它们的价值

➢第三阶段-护理，沟通将更加开放和具有互动性。它要求：

　正规并具有非层次结构

　非语言性的交流

　各级都要进行频繁的沟通

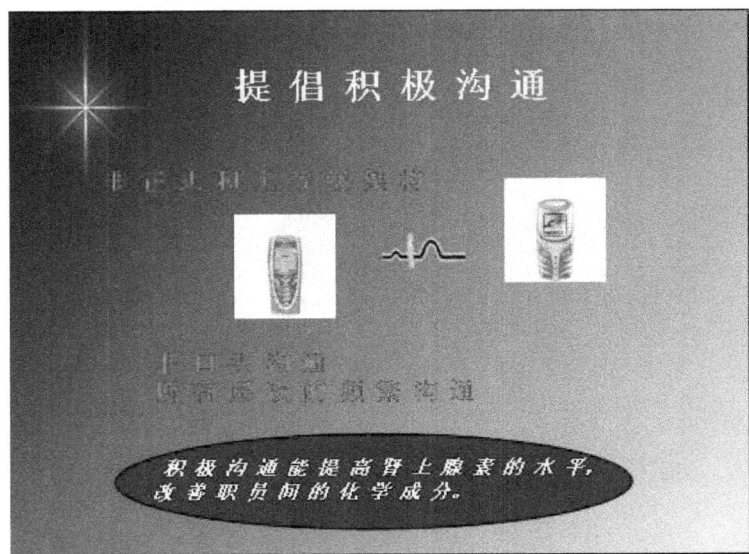

提 倡 积 极 沟 通

积极沟通能提高肾上腺素的水平，改善职员间的化学成分。

5.4.7 培养积极心态

一个积极的心态包括以下内容:

- 培养正面的精神态度
- 加强专业形象
- 改善雇员态度
- 休息和娱乐

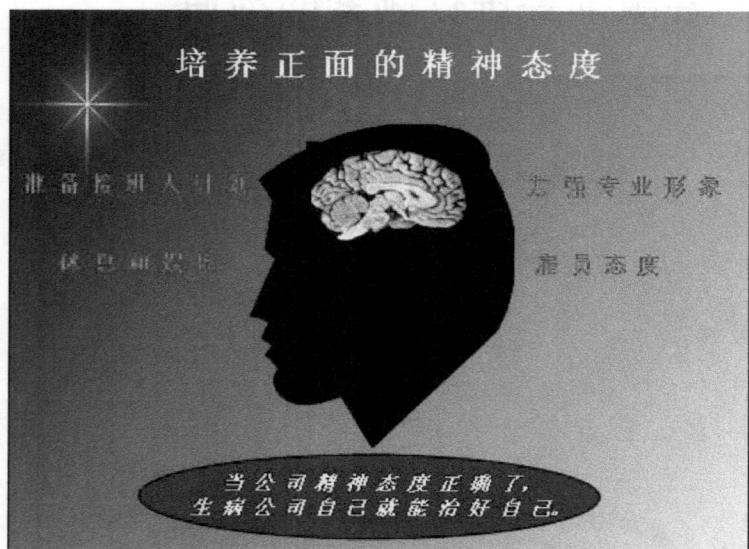

培养正面的精神态度

当公司精神态度正确了，
生病公司自己就能治好自己。

5.4.8 强调锻炼：培训与发展

通过培训和发展能够使员工在以下方面得到激励和影响：

- 分发长期红利,对长期有效
- 改 变 思 想 核 心
- 产生质量至上的服务文化
- 象催化剂一样去变化

2010 © Corporate Turnaround Centre.

护理阶段的插图

对于一个健全的公司而言具有转折性的创新是必需的

一个关键点是扭亏专家都认为改变对一个生病或健康的公司而言是最好的良药。以及如何通过创新

以改变公司。我们在本书中描述的标准工具需要进行相应的调节，以适应每个不同的用户。

杰克韦尔奇（GE）的结论是，决在多数创新的建议来源于公司客户的需求。并不需要专门花费数百万美元的研究预算，去发现它们。如同托马斯爱迪生发明灯泡和其它 1000 个发明专利一样，多数创新来自于别的工作的意外。关键在于如何灵活地利用工作中新发现的东西。

在恢复阶段没有更多的时间提出一些新的东西、一种新产品或服务。举例来说在目前的能源和环境领域，它们都需要数以千计的新产品。

你可能认为这是你的公司丢下仅有的销售商品和产品的进入这些领域的时候。产品和公司都将迎来那些受欢迎的变化和改变。

一个例子是在今天中国的北京：据布赖特巴特新闻报道，据北京市环境保护局的每一个市区观测站观察，空气中的微粒比安全标准高 7 倍，体弱的人，年老的还有年幼的，应留在他们的房屋。中国已经认识到，他们必须使污染的情况得以好转。哪些公司将要帮助中国解决这个问题？他们的到来，可能会成为你的竞争对手。具有悠久历史的优秀商业公司已经知道如何解决面临的每一个挑战和警报。

请不要停步在顶端－上海汽车和其他的例子

上海汽车不断的成功成长，而不是在原地踏步。使它始终处于业界一个较前的位置。一个经营不良的公司往往会错过了这样的机会。

例如，中国国内市场使它们的产品得以快速增长。他们随着市场的增长而增长。在 2006 年，他们的董事长胡茂元表示，他们的目标是，到 2010 年将生产 200 万辆汽车。你可能会问，他们怎么会生产这么多的车辆？是的，在今天的中国，随着人们收入的增加，很多地方平均每千人仅有 8 辆汽车，而在日本，每千人有 502 辆。

上海汽车并不是仅有的例子，比如联想，三星，丰田也是一样。随着海外投资限制将在中国的取消。许多公司将得到在增长或复苏，它们不仅能进行新建和借款的选择，还能进行收购。从迄今为止的数据表明，中国进行基础运营的公司是全亚洲最具成长性的，相较于西方的长期计划，历史教会了中国人应有的耐心，不要过分的紧缩对季度盈利的管辖。为了好转和恢复进行必要的规划，这个因素是最重要的。

是否需要改善，即使在你成功的时候-丰田

在世人眼中的日本丰田汽车公司，是勿容置疑的盈利公司，是可取代全球最大的汽车制造商通用的汽车公司。但是，丰田汽车总裁并不会因为这些成就而故步自封。他知道，他必须要坚持高效率的进取，就是因为他的公司现在位居前列。他不能因为已经具有了良好态势的公司而有丝毫的松懈。

总裁渡边捷昭甚至警告说，丰田可能会失去在全球的竞争力。他想知道该公司的工厂是否发挥了充分的效率。他甚至质疑丰田文化核心中的精益的理念。这是华尔街日报亚洲版，在 2006 年 12 月报道的。

首席执行官们如丹先生（丰田）和斯加罗尼先生（埃尼）相信，扭转局面的步骤不是应对所有病症的工具，但仍然广泛地用于各个健康和生病的公司。

变更管理－澳都斯通信公司案例

通过关于变更管理带来的显着的变化的案例，在 2002 年的报告中发现每个成功的公司都有四项原则基础。

尽管原则大家都知道，但真正要实现他们却是不容易的。

制定高的标准，领导以身作则。

设置正确的管理人员，并给他们真正的权力。

注重结果，而不是专著于变化过程。

尽快解决所有问题，而不是按部就班。。

这项研究的结论是他们认为要实施这四点是非常不容易的。例如：为了设置正确的管理人员，并给予让他们真正的权力，可能需要变整个更管理体系。但是，保持公司必须保证明确的观点是至关重要的。而一些诱因，如向表现出色的员工发放奖金，是更好的方法之一。一个例子就是美国大陆航空公司，为了在非常困难的市场和行业中进行艰难的转变。他们提供的奖励是员工每月达到短期目标，就明确其对其激励 65 美元或 100 元。贝恩的研究还表明，经济复苏的这项工作通常在不到 3 年内完成计划。另外一家在研究报告中提到的是澳都斯通信，一家澳大利亚的电信公司。90 年代后期，该公司面临税前亏损，缺乏现金，澳大利亚的电话双寡头的结束而进行破产清算。

澳都斯的成功转型开始于对其首席执行官和首席财务官的更换，为整个管理团队引入了新鲜血液，对那些需要革新的地方进行改组。他们控制了现金流的不足和其他一些措施的效率，然后实施了一项长期的上市计划。在 2001 年被新加坡电信公司以其 IPO 价格的两倍收购。

员工激励-成功的关键-维珍航空公司和哈雷戴维森公司

当访问理查德布兰森，维珍航空公司取得惊人的成功的关键时，他回答说："我可以肯定，这是一个所有人都想知道的问题。用什么方法少激励你的员工，我相信，这是一个公司的成功的关键。如果你能激励你的员工你可以很好的和他们共同渡过那些糟糕的时候。如果您不能激励你的员工，你的公司注定是经营不好的。我觉得我花了很多时间用在激励员工上面。维京管理哲学的一部分基本理念就是，个体在公司中是最重要的。"

一个人成功的最大的秘诀是，把自己放在不同的地方用不同的视觉不断审视自己。－－亨利福特

不要一味的专注余额和良好的财务报表，布兰森先生要求该公司的雇员。

当一家公司生病的时候，员工将导致结果的不同。拥有优秀的员工，它们会勤奋进取，从而有能力使公司的经营情况得到翻转。通过奉献和工作使该公司得以恢复。这样的例子屡见不鲜。哈雷戴维森摩托车公司面临破产的时候就是在摩托车在不同年龄阶段流行的时候。工厂面临倒闭。通过公司员工共同艰苦的努力，保住了公司，并使其得以恢复。员工在无薪的情况下连续多个月长时间的工作。他们每周的基础上，有专人对公司的工作团队进行管理沟通。是面对面的进行的包括社交方面的人性化的管理，而不是通过抽象的第三方进行，比如电子邮件。就像布兰森先生建议建议的那样，当公司终于提到了好转："...庆祝他们的成功合作。"这个"额外"是如此重要。并没有出现在该公司的任何文件和有金融票据的地方。

人民群众是最大的资产

对于"来来回回到底在干什么？"历史上的山姆沃尔顿，沃尔玛的创始人沃尔玛提供了一个例子图片。

他在股东大会上花了 5 个小时的专门感谢 4000 名优秀员工，之后，还请他们到家里做客。

在 2006 年针对上市公司的一个简短的调查表明，一些关键员工甚至从没见过他们的 CEO 或高层管理人员。如果此时 CEO 或高层管理都们面临困境，而要求员工在低薪或无薪的情况下工作这是不可能的。决不可能。

还有一些相关的数据能说明上述问题，就平均而言，在 1978 年账面价值能够反映出公司 95% 的市场价值，但 10 年后，仅只 28%。时至今日，80% 的企业价值不是通过资产负债表，而是来源于无形的资产，如人、品牌、知识产权和人际关系。

当你进行战略决策和解决问题时才发觉没有合适的人才，这是一个相当严重的问题，特别是当一个公司病危的时候。为了扭亏和在竞争中取得优势，企业内的人才是必需的。

人们常常惊叹于比尔盖茨，微软公司的创始人，述说他的富有和多达数十亿的捐款。但他说他总被描述为不耐烦。实际上，他通常只是与草率不耐烦。如果会议的基本内容不能在 30 分钟内解释完或减少到 3 × 5 卡（英寸）的卡片上，――他就会调头就走。他是一个创新的典型，他是那些在公司中敬业和充满热情的员工的典型。当七十年代后期大多数企业领导人都在专注于计算硬件设计时，他集中于计算神经系统的计算软件的设计。当巨大的与 IBM 合作的机会来临时，他已经准备好了，"让他们做硬件，我来做软件，"他一开始就是这样打算的。但比尔故事的另一面是，钱决不是他唯一的动力，他来自于一个做出过相当大的奉献的家庭。母亲，玛丽。对那些不能接受应有教育的进行免费义务教育。比尔的父亲是西雅图最好的律师之一，他在许多方面经常帮助社区。当比尔开始厌倦大学生活的周而复始时，他回到了家里。曾经他的母亲说过："我不知道他将会怎样"。 没有人责怪她。随着事情的来来回回，我们年轻的比尔，看到了自己的未来的画卷。

神话-如果它正在运行不需要修补

以微软-苹果为例

当对一个公司进行诊断的时候需要一名医生，一个扭亏的专家，这就好比公司的产品需要被检验一样。仅仅在公司内建立一个研发中心，或通过与其他公司合作这些是不够的。它不可能会产生新的盈利产品。它只可能保护那些已经销售放慢的公司的核心产品。一个很好的例子就是微软。他们用于投资研究和开发的资金每年有 60 亿美元。但是，这项投资的 90％用于改善其现有的核心视窗产品。因此，这项投资的回报是非常差的。

但是，苹果就并没有停留在其 2005 年非常成功推出的微型 iPod 上，其研究与发展中心完全集中在新产品上，并于 2006 年推出了纳米级的 iPod，这是一个全新的产品，而不仅是改善他们已经成功的核心产品。Nano 的 iPod 上采用的是固态磁盘驱动器，而不是闪存记忆体。这为建立一个更小和更耐用的产品提供了可能。

这一举动被认为是具有高风险的。然而，这个一个很好的高层领导的例子：史蒂夫乔布斯是一贯的，反复推动他的雇员不断进取，而不是采取陷入自满（去保护那曾经的小小成功）。

以施乐为例

另一个因新产品而失败的例子是施乐公司：在 20 世纪 70 年代的技术竞赛能使公司获得成功的成就。为了继续赢竞争，他们在加利福尼亚州成立了一个顶尖的研发中心。如果能很好的执行，这通常是一种正确的做法。该中心的目的是发展超出了复印机的新产品，他们所做的工作有：激光打印机，图形界面，鼠标和排版语言等等。这些创新都进入了施乐公司的销售渠道。但开发管理者们显然还在照搬复印机的思路。其他公司已经开始销售它们的创新产品：佳能和惠普的激光打印机，苹果的图形工作站，和 Adobe 的排版软件。思想闭塞不仅在一个心理层面上，也是企业管理的一大弊病。"如果它还在运行，就不要去修理"的观念已经困住了很多通往成功道路上的人士。

一个国家转变的案例-日本价值体系的改变

转变的例子并不总是显而易见的，有时可能有不同的形式。

一个很好的例子是处在 90 年代这十年的日本，日本的转变是明显的日本人。日本政府在转变的领域作好了准备。公司是一个微型的政府

日本的经济在 2006 年是世界第二大经济体（470 万亿美元），仅次于美国，是三个或四个世界顶级经济实体之一。

在 20 世纪 80 年代之前和 1980 整年，日本经济似乎不受任何经济问题的影响。到 20 世纪 90 年代的日本都有 8% 的年增长率。日本经济状况是健康的。连经济海啸也不能停止它增长的脚步。但到 80 年代末及以后的 10 年，进入停滞期，股市和房地产市场崩溃。

但 2002 年以来，日本一直处于一个转变期。在这期间已经结束了日本经济的下滑，十年不是

重疾缠身无药可救，而是转变时期。日本公司停止倒闭，开始了新的计划：他们出售了花费巨大的子公司，，把生产线转移到海外，并扩大了的补偿价值。

日本政府也进行了好的转变。修改公司法中的养老金制度，并取消了厚厚的不良贷款。然后，它本身也进行改组。

他们遵循了德国风格劳动结构的调整，而不是英国或美国，其中包括劳工界代表参与公司管理。这个措施使罢工和劳资纠纷一直保持在最低限度，良好的交流始终存在在一个组，进而也存在于整个公司，。日本公司受益于员工低的流失率。这通常是一个公司健康关键因素。不过，美国劳工在公司治理方面拥有少数的权利，因此劳工不纳入公司治理范围。美国公司几乎在雇用和解雇员工方面拥有完全自由的权利。其结果往往是想改变劳工工资和福利的政策受打击。然而，工程不得另一种文化。尽管美国的劳工法例规定，在多次的选举期间的已经改变，美国文化和选民确认公司有权控制自身业务，一般保持公司商业活动独立于政府之外运行。

日本企业拒绝通过兼并和收购来解决经济复苏和增长的问题。在美国的并购几乎占满每天著名新闻媒体都如华尔街日报和其他商业刊物的大标题时，日本公司指明，他们认为合并和收购具有破坏性和欺骗性。

而就降低供应成本，NEC 的副主席最近表示："如果你只想购买最便宜东西，那么以后，你有什么本钱去发展下一代的技术。

发展和谐社会的概念是日本复苏的主题和价值理念，因为它提供了一个和谐发展的价值感和更长远的价值。

第 6 章

结论

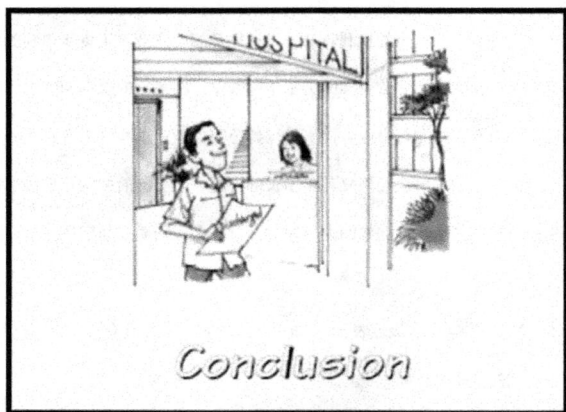

Conclusion

结论

6.1 公司转折期和医疗过程对比

医疗系统	第一阶断 手术期	第二阶断 复苏期	第三阶断 护理期
医疗方向	西方		东方
医疗重点	科学快速的解决重难问题		从医疗理论上预防发生的问题
医疗特点	化学式的医疗—有副作用 如裁员后会打击士气		天然疗法—几乎没有负作用，取胜于心
方法	一步一步分析可行的方法 更多的用脑		少用理论而更多的用心去互相 理解去解决问题
临床的不同点	解决部分问题如改进资金 业务，管理好金融运转		整体的改进，解决重要问题同时 解决相关问题，如公司文化，精神面貌
医疗力度	激烈的处理，进行挽救生命 式抢救		慢性处理，进行解决士气低落， 精神消极。

诊断方法	很容易通过财务和会计制度诊断	人的经验---很难去量化，自然形成的过程
治疗过程	标准化---极小变化的专制风格	个性化—应用权力民主集中管理的方式，允许有灵活的空间
治疗目标	努力减少各方面预算，来减少财政支出	根本性解决问题，加强公司管理来抵抗不确定的风险

2010 © Corporate Turnaround Centre.

6.2 转折期的主要信息对比

	第一阶断: 手术期	第二阶断: 复苏期	第三阶断: 护理期
金融焦点	资金流	收益/利润/资金流	可持续收益/利润/资金流
时限	短期—— 小于一个月	中期—— 小于一年	长期—— 多于一年
公司方向	焦点问题	焦点和快速解决的问题	焦点以及快速灵活的解决问题
病毒治疗	体内病毒	体内和体外病毒	体内和体外病毒
管理控制	高度专制	中等民主	低度权力

领导类型	和蔼的独裁者	教导式管理	精神领袖
交流模式	封闭式	教导式	开放式
监护类型	重症监护	部分重症监护	不再重症监护
管理重点	头脑中的重难点问题	头脑中的重难点问题	企业精神上的软问题

2010 © Corporate Turnaround Centre.

案例

1. 美国大陆航空公司的转折点

2. 大卫娜克劳的取舍技巧

美国大陆航空公司的转折点

卓越的战略转型家戈登贝修恩通过并实施振兴美国大陆航空公司计划,使美国大陆航空公司成为美国商业航空公司的行业领先者之一,现在已成为许多企业复苏专家众所周知的实例。曾经为"知名的金尾鹊"的美国大陆航空公司有着悠久和独特的历史于 1934 年 7 月 15 日开始,开始于在美国西南部尘土飞扬的跑道上的单引擎洛克希德飞机,。

1994 年初,戈登贝修恩离开了波音公司,迎接在美国大陆航空公司航空公司的挑战。这一案例开始于贝修恩加入美国大陆航空公司时,并详细说明他的战略规划和在航空公司的实施。美国大陆航空公司 8 年的财务和经营汇总数字,从 1993 年至 2000 年期间,载于附录 1。

1994 年出了什么错

在自 1983 年按联邦第 11 章申请破产重组以来,美国大陆航空公司被迫于 1990 年 12 月 3 日第二次申请破产保护,因面对伊拉克入侵科威特造成的燃油成本大涨,美国大陆航空公司在 1991 年 2 月揭去了它的蓝灰色身份,到 1992 年劳克获取了第一次跨洋飞行服务奖。 到 1992 年 11 月,合作伙伴加拿大航空公司在美国大陆航空公司投资 4 亿 5 千万美元导致第二次破产的出现。

这可从表 1 看到,美国大陆航空公司航空公司在 1993 年和 1994 年有接近 58 亿美元的收入,但报告说,这两年的净亏损。事实上,美国大陆航空公司已在 1993 年前已有超过 5 年的红色赤字。尽管有美国大陆航空公司在美国 1993 航空公司收入方面被评为世界第五大商业航空公司的事实。航空旅游消费者报告是一个美国运输部出的一个统计报告,据这些报告,以下是美国大陆航空公司方面的 1993-94 初的调查结果：

- 在按时到达（15 分钟内按预定时间抵达的航班占全部班次的百分比）上美国大陆航空公司去年排名在 10 名最大的商业航空公司中排名最末。

- 美国大陆航空公司是每十万名乘客遭到投诉最高的公司-

它的每 10 万名乘客的投诉最多。

交通部提交的报告中美国大陆航空公司乘客投诉量比第九位的航空公司高 30% 以上，同时三倍于行业平均水平。

- 美国大陆航空公司在最差排名中乘客被拒绝登机的百分比这一标准中榜上有名，因为超额预订和其他问题而导致拒绝乘客登机很严重。

由于不同的业务上的问题，美国大陆航空公司也不得不面对频繁变动的高层管理人员，在过去 10 年有多达 10 位首席执行官的更替。许多员工也度过了手术式更换期，贝修恩尝试进行一些内部员工的重组，振兴和努力扭转当前的状况。许多员工作事没有激情，士气低落，还有各部门之间经常有互相争斗的迹象。

贝修恩本来打算在加入美国大陆航空公司 4 个月后离开，他主要考虑到缺乏董事会和首席执行官的支持。 1994 年 10 月下旬，为防止贝修恩离开，美国大陆航空公司航空公司的董事会同意给他更多的权力。该委员会于 10 月 24 日决定贝修恩可以在未来 10 天内掌握公司，然后将有机会提出对美国大陆航空公司的未来的发展计划。

戈登贝修恩的"往前走美国大陆航空公司计划"

贝修恩的第一个行动是在 10 月 24 日的时候，他打开美国大陆航空公司的行政套房大门，而以前它是被紧紧锁住，同时有安全摄像机监视的。他希望人们在任何时间自由进入，他想开始改变行政套房的气氛。

接着，他找到格雷格布伦尼曼，另一公司的副总裁，帮助他制定一个美国大陆航空公司发展计划

贝修恩和 Breneman 提出了他们所说的工作计划。它有四个部分 -

- 决胜于飞 - 市场计划

- 未来的资金-财务计划

- 使可靠性成为现实 -产品服务计划

- 发展协同工作 – 员工计划

决胜于飞

它背后的市场计划的指导原则（决胜于飞）是美国大陆航空公司停止做那些在赔钱的或造成公司亏损的事情，集中美国大陆航空公司的市场优势。他们发现，该公司在它 18%的航线上失去金钱，其中许多是点对点航线的低票价，它有一个相对较低的市场分享份额

。在进行了认真研究，他们发现，' CONTINENTAL LITE 公司，模仿西南航空公司的低票价行为，是一项重大失误。CONTINENTAL LITE 公司需要作出大幅削减航班，并把重点放在枢纽城市，而不是点对点路线。关闭格林斯伯勒等航线，数条路线被修剪。

这些变化将导致飞机座位过剩，因为美国大陆航空公司有 10 个不同类型的庞大的飞机编队，其中包括很大数目的空中客车 300 型客机。因此，贝修恩和伦尼曼建议处置所有美国大陆航空公司的 A300 飞机，从而消除了库存，特殊飞机设施和生活的必需品。总体而言，这种改善在一段时间内使 Continantal 的载客率大大提高了（见展示材料）。

此外他们还举办其他一些特别的营销活动，以吸引乘客和旅行社回来重新光顾。

未来资金的问题

1994 年 10 月,美国大陆航空公司是没有流动资金并且债务沉重 - 它因为它购买的飞机欠相当多的钱,它从进入 1993 年的第 11 章的破产保护程序时已经欠下 20 亿美元的债务。

贝修恩和伦尼曼得出的结论是该公司的关键是作出一个 1995 年具有公众信服力的金融盈利计划。他们拟定了对涉及租赁飞机付款的谈判的一揽子建议,建议其修改方案,再低利率的融资,,推迟偿还一些美国大陆航空公司的债务,并提高对某些航线的票价。他们预计这些改革举动,会在 1995 年产生 4500 万美元利润机会(一项重大改革使美国大陆航空公司在 1994 年产生 2 亿美元的损失),并能为美国大陆航空公司提供足够的流动资金,以避免陷入另一金融危机。

增加美国大陆航空公司服务的可靠性

在贝修恩的多方面"往前走计划"计划的一部分,是增加服务的可靠性,他旨在改善美国大陆航空公司服务的及时性,像行李处理和整体的飞行过程时间的稳定,做的这些改进将使客户认为美国大陆航空公司是可靠的从而倾向于再次光顾美国大陆航空公司。贝修恩的计划的核心是如果雇员能提供及时的服务就每月奖励他们 65 美元奖金。据美国运输部的报告:在以每月按时到达的班次占全部班次的百分比这一评价标准的美国五家航空公司中美国大陆航空公司位居榜首。

协同工作

贝修恩认为,在往前走计划最重要的部分是从根本上改变大陆的企业文化。他深信,一个成功脱困的美国大陆航空公司能让员工一起团结和协的工作,创造积极向上的工作环境。

在美国大陆航空公司董事会会议上,贝利恩和伦尼曼准备一篇有关改变公司的主席,同事,他们信任的朋友和家人的企业文化的文章。他们的关于公司文化的想法一般是概念的东西,而不是具体的行动。

参加董事局会议

在贝利恩介绍了"往前走计划"后即在 1994 年 11 月第二周，该董事会举行了闭门会议，经过一番争论，该董事会最终决定，选出贝修恩为公司总裁，是这个总裁职位由主席转给他的。贝修恩感到失望任命他为 CEO 不是董事会一致的决定，但还是决定执行他的计划，。不过，他仍感谢执行局，使他获得关于实施"往前走计划"的权利。

执行"向前走计划"，1995-2000 年执行

一些典型的事例让我们能够体会到贝修恩当上首席执行官后的办事风格和办事步骤- 作为向前走计划第一步，他关闭了在洛杉矶的美国大陆航空公司的维修站，因为美国大陆航空公司已经将重点转移到到纽瓦克，休斯顿和克里夫兰

- 1995 年 5 月，贝修恩命名 Brennman 为美国大陆航空公司的首席运营官

- 他制定了员工工作开放制度，规定每月的最后一天为开放参观日。员工们应邀参观在 20 楼层的贝修恩和其他管理人员的行政办公室，并进行自助餐

-他提出了星期五除直接与客户打交道的员工以外，其它人可以自由穿服装

- 有一次，他收集到一些雇员对载有公司的规定和程序的手册的建议，其中的文字由雇员提出的，他们将用自己的判断来处理问题。

- 贝修恩和他的管理人员在几乎每一个公司网站与员工会议，向他们解释"往前走计划"的理由。

-他把旅行社作为合作伙伴，为实现目标他提出了更好的激励机制

- 贝修恩邀请了一些经常旅行一百里程的旅客，及他们的配偶，在他家举行聚会，所有参加者他都给了一个皮革的机票夹作为纪念

- 在 1996-2000 年期间，美国大陆航空公司扩大代码共享的范围，加入协议的包括西北航空公司，加拿大航空公司，美国之鹰航空公司和水平航空公司，以及意大利航空公司，法国航空公司等国际航空公司，中国国内运营商国航等也加入进来。在 2001 年底，还与荷航订立了共享协议。

-，纳耳凯尔纳被认命为新的财务总监进行旨在改善金融系统和管理信息系统的工作。

在此期间努力效果展示见展示 2，

美国大陆航空公司的 2001 年

在 2001 年 1 月，美国大陆航空公司被航空工业贸易杂志评为世界年度航空运输领先航空公司。美国大陆航空公司已收到 1996 年年度最佳航空公司奖，并因此成为第一家在 5 年时间内两次获得此殊荣的公司。在 2001 年，被专业商业信息搜集公司 OAG 公司评为最佳跨大西洋航空公司和北美最佳航空公司，美国大陆航空公司也被 OAG 评为最佳旅客旅游所选公司。在过去 5 年中有 4 个年头美国大陆航空公司被市场信息公司 JD Power and Associates 评选为客户最满意公司。

在 2001 年前 6 个月，美国大陆航空公司公布收入为 50 亿美元，增长 3.3%，2000 年前 6 个月总收入 45.85 亿元，，净盈余由 2000 年前 6 个月的 14900 万美元锐减到 2001 年前 6 个月期间的 5100 万美元。公司管理层归因于 2001 年美国和全球经济的疲软。

9 / 11 对世界贸易中心和五角大楼的恐怖袭击行动事件进一步削弱世界各地的航空业，并特别在北美地区。贝修恩指出，，美国大陆航空公司预计在未来数周内只会有一半的正常收入，而且即使削减 20% 的成本，，美国大陆航空公司每月损失仍达 2 亿美元。

联邦政府为保护本国航空工业出台了救援方案以救助那些有偿还能力的航空公司，直到航空业行情回暖。美国大陆航空公司立刻收到的现金 2.12 美元，并预计将再次获得在 2001 年底 2.12 亿美元。展示 2-6 提供了在此期间各种业务和财务的性能参数。

由于商业调查在 2001 年 11 月结束，，美国大陆航空公司突然面对另一场危机。最大的问题是贝修恩如何做，现在来让美国大陆航空公司可以以良好的状态渡过危机。

问题讨论

1）请列举在1994年戈登贝修恩加入美国大陆航空公司作首席运营官时公司的各种病状

2）戈登贝修恩在1994年至2001年中期的周转行动的主要特点是什么？他是如何把美国大陆航空公司从1994年以来问题最严重的航空公司变成2001中期最好的公司？确定在这7年中的手术，复苏和护理阶段。

3）你认为"向前走计划"是完全成功的计划吗？在事后看来，这样的计划有问题吗？，如果有的话，"往前走计划"哪个方面是错误的？

4）如果你被美国大陆航空公司任命为2001年秋季顾问，您如何解决客运人流量减少和公司的现金迅速流失的两大难题？

表格1　1993-2000年美国大陆航空公司财务及营业摘要

	2000	1999	1998	1997	1996	1995	1994	1993
财务数据（以十亿美元为单位，除开每股收益								
营业额	$9,899	$8,639	$7,927	$7,194	$6,347	$5,825	$5,670	$5,767

总营业支出	9,215	8,039	7,226	6.478	5,822	5.440	5,681	5,786
营业收入	684	600	701	716	525	385	(11)	(19)
净收入	342	455	383	385	319	224	(613)	(39)1
每股基本收益	$5.62	$6.54	$6.34	$6.65	$5.7S.	$4.07	$(11.88)	$(1.17)1
平均后每股收益	$5.45	$6.20	$5.02	$4.99	$4.17	$3.37	$(11.88)	$(1.17)1
经营相关数据								
客运收入 (以千为单位)	46,896	45,540	43,625	41,210	38,332	37,575	42,202	38,628
客运里程收入(百万)2	64,161	60,022	53,910	47,906	41,914	40,023	41,588	42,324
有效座位里程(百万)3	86,100	81,946	74,727	67,576	61,515	61,006	65,861	67,011
客运承载率4	74.5%	73.2%	72.1%	70.9%	68.1%	65.6%	63.1%	63.2%
盈亏平衡载客量 5	66.3%	64.7%	61.6%	60.1%	(30.7%	60.8%	62.9%	63.3%
实际客运收入								
客座英里（旅客空運量的單位）	9.84¢	9.12¢	9.23¢	9.29¢	9.01¢	8.20¢	7.22¢	7.17¢
实际客运成本								
客座英里（旅客空運量的單位）	9.76¢	8.99¢	8.89~	9.04¢	8.75¢	8.36¢	8.76¢	7.90¢
每加仑燃料的平均价格	86.69¢	47.31¢	46.83¢	62.91~	60.92¢	55.02¢	53.52¢	5926¢
末期飞机数量	371	363	363	337	317	309	330	316

平均飞机使用年限 (年)	8.0	8.4	11.6	14.3	14.3	n.a.	n.a.	n.a.

---

1 —数据涉及时间仅从 1993 年 4 月 28 日到 1993 年 12 月月 31 日, 在美国大陆航空公司发生经营警报进入破产程序之后，发生在 1990 到 1993 年 4 月 28 日之前的经营数据，由于资产结构调整而没有意义

2 预定飞行里数取决于乘客收益

3 里程数由原定的座位里程数乘以乘客数来定

4 乘客英里收入要除以实际客运量

5 上座率作为一个因素必须被考虑进乘客收入，这是为了平衡航空公司的纳税前收入，但不包括非经常性支出，非经营性项目，以及其他特殊项目。

表格 2 - 成就和荣誉 – 时间 1995 至 2000 年

来源：www.continental.com

1995 年 7 月 18 日

美国大陆航空公司宣布，公司出现历史上季度最大获利。

1995 年 8 月 - 1995 年 11 月

美国大陆航空公司连续 4 个月在美国航空消费报告对于航空运输人数和行李数量的排名中位居榜首。

1995 年 12 月

商业周刊把美国大陆航空公司评为年度最佳纽约证券交易所股票。美国大陆航空公司的 B 类普通股已从 1 月初的每股 6.50 美元涨到 12 月的 47.50 美元

1995 年 12 月

1995 年是美国大陆航空公司在其成立 61 年历史以来的最大的利润年（2.24 亿美元）。此外，1995 年第四季度，该航空公司在行李处理服务及时性和无投诉上排名第一

1996 年 1 月

美国大陆航空公司推出了 1996 前进计划旨在继续成为 20 世纪最伟大的航空公司。

1996 年 6 月

获得最佳的 500 英里航班航空公司的 JD Power 奖。

1997 年 1 月

于 1996 年更名为世界运输航空公司

1997 年 5 月

成为有史以来第一家重复获得最佳的 500 英里航班航空公司的 JD Power 奖的航空公司。

1998 年 1 月

美国大陆航空公司宣布 1997 年为年利润达到历史最高纪录之年，为 6.45 亿元。宣布建立与西北航

空公司的全球战略联盟的计划。

1998 年 3 月

美国大陆航空公司宣布打算购买 15 架波音新一代 737-900 飞机，成为美国大陆航空公司最多的一

次飞机数量购买

1998 年 4 月

国家航空质量组织评价连续第二年排名为进步最快的航空公司。

1998 年 8 月

在 JD Power 的客户满意度调查结果，美国大陆航空公司尽管整体排名第二位，但在许多重要航空

指数上排名最高。

1998 年 10 月

美国大陆航空公司收到的首架波音 777 飞机，并作好从纽瓦克和休斯敦到日本东京的直飞准备。

1998 年 12 月 21 日

美国大陆航空公司被评为美国"财富杂志"100 家最佳公司之一，同时它被作为旧金山工作研究院研究

范本进行研究。

1998 年 12 月 29 日

大陆和西北开通每周代码 28 共享日，在美国和日本的之间实现国际航班共享，代码 21 共享日开通

至新加坡，曼谷，泰国和韩国汉城的新航线

1999 年 1 月 20 日

美国大陆航空公司取得第七个"OAG 年度最佳航空公司奖,"被 OAG 电子旅行信息服务投票系统在

1999 年 1 月 21 日确认为最好的美国航空公司

美国大陆航空公司出的季报告显示其连续第 15 个季度盈利,结束高调的一年。该公司公布了创记录

的年度税前盈利为 1998 年 7.7 亿美元,还不包括购买飞机费用。这是连续第四年有记录的税前利润

纪录。该公司公布 1998 年第四季度的的净收入为 6600 万美元。

1999 年 1 月 28 日

美国大陆航空公司的旅客飞行程序和常旅客计划-----OnePass,横扫著名 Freddie 奖项,得到了 5

个奖项,包括 "最认可的年度计划"和"最佳精英级程序"。在第 11 届 Freddie 颁奖仪式上,OnePass

计划与 1998 年取得的"最佳客户服务"和"最佳网站"一样也被授予"最佳奖",其商业价值第一的国际

地位得到承认。

1999 年 1 月 31 日

每天直飞日本东京。这是首次从休斯敦到亚洲的直飞航班。

1999 年 3 月 2 日

退役最后一批波音 747-200 和波音 737-200 型客机。美国大陆航空公司腾出更多的空间引入更先进

的 60 架波音飞机于 1999 年被投入使用。

1999 年 3 月 10 日

第二年,美国大陆航空公司夺得 "北美航空公司最高金奖",于 1999 年由欧洲旅游贸易公报授予

"欧洲旅游大奖"

1999 年 4 月 2 日

美国大陆航空公司成功地完成了机载 2000（Y2K）的飞机通信系统测试。美国大陆航空公司是第一个商用飞机在模拟 2000 年飞行系统中的飞机。

1999 年 4 月 8 日

戈登贝利恩被沃斯杂志命名为美国 50 个最佳的首席执行官之一。戈登在业务经理中名列第六

1999 年 4 月 15 日

美国大陆航空公司宣布第一季度的净收入为 7800 万美元（每股连续第 16 季度净盈余 1.03 美元），但不包括非经常性收益和费用。

1999 年 5 月 11 日，，在飞行旅客杂志和 JD Power and Associates 的一项调查中被列为，距离（500 英里以上）的长期客户最满意的全国第一大航空公司

1999 年 5 月 28 日

美国大陆航空公司的网站（www.continental.com）被网上研究公司NPD排在客户满意度和忠诚度第一。

1999 年 7 月 19 日

美国大陆航空公司公布，第二季度拥有 1.37 亿美元的净收入并且连续第 17 季度盈利。

1999 年 8 月 1 日

美国大陆航空公司发起了每日往返纽约和特拉维夫的直飞航线。

1999 年 10 月 4 日

美国大陆航空公司作为NYC2000 赞助商，宣布庆祝计划：由绘画大师彼得马克斯为美国大陆航空公司的大型喷气式客机绘NYC2000 的外观宣传画。

1999 年 10 月 14 号

美国大陆航空公司被财富杂志于 10 月 11 日刊载列为 "世界最受尊敬的企业的名单第二号。

1999 年 10 月 14 号

美国大陆航空公司和美国西部航空公司成为第一个实现了两家美国航空公司联营电子机票。

1999 年 10 月 15 日

美国大陆航空公司执行副总裁兼首席财务官拉里凯尔纳于 1999 由首席财务官杂志和安达信评为杰出管理贡献奖财务总监。

1999 年 10 月 18 日

美国大陆航空公司第三季度报告净收入 1.1 亿美元（每股净盈余 1.56 美元和 1.53 美元，并且连续第 18 个季度盈利）。

1999 年 12 月 13 日

美国大陆航空公司的飞机被称为美国最大的 10 家航空公司中最年轻的飞机，平均使用车龄 7.4 年。

1999 年 12 月 15 日

美国大陆航空公司执行其顾客第一和为客户调整服务的政策，建立了新的职能制度。有数千员工接收了相关培训，。

1999 年 12 月 20 日

连续二年，，美国"财富杂志在与旧金山研究所进行的一项研究中，美国大陆航空公司被评为 "100 家最适合工作的企业之一 "。美国大陆航空公司排名从去年的第 40 号上升至第 23 号。

2000 年 1 月 1 日

美国大陆航空公司成功地完成了二千年配股工作。

2000 年 1 月 18 日

美国大陆航空公司宣布：第四季度净收入为 3300 万美元（每股净盈余 0.48 美元，不包括之前公布的收益和费用。

2000 年 1 月 26 日

大陆在 2000 年赢得 OAG 的航空年度大奖的两个奖项，是唯一赢得 OAG 奖项的美国航空公司。奖项包括最佳短途商务奖和最佳经常性旅客首选航空公司奖。

2000 年 1 月 27 日

美国大陆航空公司的 OnePass 常旅客程序在第 12 届飞行家庆典上获得四项 Freddie 大奖，包括年度最佳程序和最佳程序。该程序还获得从纽约或休斯敦到东京"25,000 里最佳奖"，以及"1999 年最佳网站"。美国大陆航空公司其它三个类别评选中它都有候选资格。

2000 年 2 月 17 日

美国大陆航空公司在 2000 年 2 月 21 日出版的财富杂志 "美国最喜爱航空公司"名单中名列第二。美国大陆航空公司排名从 1999 年第 3 名的排名位置上升了一位。

2000 年 4 月 20 日

美国大陆航空公司公布，第一季度为净收入为 1400 万美元（每股净收益 0.21 美元）。

2000 年 5 月 9 日

飞行常客杂志与 JD Power and Associates 共同进行的的一项关于短途飞行距离或长途飞行距离客户的满意度调查中美国大陆航空公司被评为全国排名第一的航空公司

2000 年 6 月 19 日

大陆航空公司董事长兼首席执行官戈登贝利恩的对航空业的美国航空公司外资持股限制的放宽称为航空业面临新一轮变革。贝利恩还敦促美国大陆航空公司通过关于公司进入希思罗机场的

申请。

2000 年 7 月 18 日

美国大陆航空公司公布了创纪录的季度每股净收益 2.46 美元，。这标志着连续 21 季度盈利，并且平均每股收益创公司历史最高点。

2000 年 7 月 25 日

美国大陆航空公司与高级管理员工签署了新的 5 年就业协议。在协议签署方包括董事长兼首席执行官戈登贝利恩，总裁兼首席运营官格雷格布伦尼曼，执行副总裁兼首席财务官拉里凯尔纳，执行副总裁运营官麦克莱恩，执行副总裁兼总顾问杰夫斯米塞克。

2000 年 8 月 30 日

美国大陆航空公司试接收了首架波音 767 - 400ER 货（延程型）飞机。这是由 2000 年 9 月 12 日航空公司董事长兼首席执行官戈登贝利恩签定的试行休斯顿的航线协议，

美国大陆航空公司增加了 2000 年 1 月 1 日后该公司的普通股雇员和其他参与者购买股票的计划和股票期权现金支付收益数额的股票回购计划的规模。自今年年初以来，这些金额总计约为 8000 万美元。

2000 年 9 月 21 日

大陆航空公司在所有信息技术创新的用户中排名第一

美国大陆航空公司所有航空公司中排名第一的信息技术创新的用户，根据最近公布的信息周刊 500 强名单。该公司排名第 25，在第 12 年度 500 间公司清单中，在运输业公司中排名第一。

2000 年 9 月 26 日

美国大陆航空公司被评为在美国财富杂志的"世界上最受尊敬企业"。美国大陆航空公司在 10 月

2 号全球最受赞赏的航空公司中总体排名第三。

2000 年 10 月 6 日

美国大陆航空公司执行副总裁兼首席财务官拉里凯尔纳被授予 2000 年信息/知识管理类首席财务官优秀奖，使他成为历史上第一个三次获得由首席财务官杂志和安达信公司赞助的奖项。

2000 年 11 月 11 日

美国大陆航空公司和西北航空公司推出了世界上最大的联运电子飞机票网络。

2000 年 10 月 16 日

美国大陆航空公司宣布第三季度平均每股收益为 2.24 美元（在特别费用之前），比 1999 年同期增长了 56%。这标志着美国大陆航空公司连续第 22 季度盈利，而且创公司第三季度每股收益最高的历史。

2000 年 11 月 6 号

美国大陆航空公司宣布，总共定价 2.5 亿美元的附属信托证券可转换优先股，成为 2030 年到期可兑换的大陆 B 类普通股。证券将用现金分配为按年率百分之 6 计算每五十美元，并将在 0.8333 为每个普通股，初始速率可兑换（相当于的每股 60 美元的初始普通股转换价格）。该公司答应给予最初的购买者有为期 30 天的额外超额配售总价值为 37.5 亿美元的证券的选择权。

2000 年 11 月 10 日

美国大陆航空公司首次使用 767 - 200ER 飞机

2000 年 11 月 16 日

大陆航空公司和西北航空公司对于美国西北航空公司出售持有的美国大陆航空公司普通的股票达成最终协议，并把他们的合作协议延长至 2025 年。两家航空公司的董事会批准了它们的执行。

2000 年 12 月 18 日

连续第三年，美国大陆航空公司被财富杂志和旧金山研究评为"100 家最适合工作的企业之一，"而美国大陆航空公司排名第从去年的第 23 号上升至第 18 名。

表格 3 美国大陆航空公司飞机清单列表,2001-06-30 止

飞机类型	总座位	拥有数量	租借数量	飞机总量	平均机龄	购买数量
美国大陆航空公司						
波音 777-200	283	4	12	6	1.7	2
波音 767-400	235	3	2	5	0.2	19
波音 767-200	174	7	1	8	0.1	2
波音 757-300	210	------	------	------	------	15
波音 757-200	172	13	28	41	3.9	------
波音 737-900	167	------	1	1	0.1	14
波音 737-800	155	17	43	60	1.3	33
波音 737-700	124	12	24	36	2.0	5

波音 737-500	104	15	51	66	4.7	------
波音 737-300	124	14	51	65	13.4	------
DC10-30	242	3	11	14	25.5	------
MD-80	141	17	48	65	15.9	------
		------	-------	------		------
		105	272	377		90
美国大陆航空公司航空快递						
喷气飞机						
Embraer ERJ-145XR	50	------	------	------	------	75
Embraer ERJ-145	50	18	72	90	1.9	59
Embraer ERJ-135	37	------	27	27	0.7	23
		------	-------	------		------
总飞机数量		18	99	117		157
涡桨支线飞机						
ATR-42-320	46	9	22	31	10.8	------
EMB-120	30	9	10	19	11	------

2010 © Corporate Turnaround Centre.

Beech 1900-D	19	------	13	13	4.8	------
涡轮螺旋桨飞机总数量		18	45	63		------
合计		141	416	557		247

注：美国大陆航空公司预计到 2001 年有 36 架波音飞机的交付使用（其中 9 架被安排于 2001 年上半年服务。美国大陆航空公司快递预计到 2001 年有 41 个巴西航空工业公司的支线飞机交付使用（其中 21 架被安排于 2001 年的上半年服务）。美国大陆航空公司计划在 2001 年下半年的淘汰 14 架涡轮螺旋桨飞机。截至 01 年 6 月 30 日，美国大陆航空公司估计订购波音飞机的费用总计 42 亿美元。对巴西航空工业公司的喷气飞机订购约为 25 亿美元。截至 2001 年 6 月 30 日，美国大陆航空公司已为波音飞机的未来交付使用上安排了 13 亿美元的资金。

资料来源：美国大陆航空公司，2000 年的 10 - K 报告和 2001 年 7 月的 10 - Q 报告。

表格 4 2001 年 9 月美国大陆航空公司载客量分析

	9 月 1-10	9 月 11-16	9 月 17-23	9 月 23-30
美国大陆航空公司				

国内	70.0%	58.0%	46.6%	58.5%
国际	76.2	66.6	55.8	47.7
	----------	----------	----------	----------
总共	72.4	62.2	50.4	54.1
美国大陆航空公司快递	61.9	41.1	39.0	53.4

来源：公司记录

表格 5 美国大陆航空公司的资产负债表　2001 年 9 月 30 号与 2000 年 12 月 31 号相比（以十亿美元计）

	2001 年 9 月 30,	2000 年 12 月 31,
资产		
流动资产		
现金和现金等价物	$1,201	$1,371
短期投资	---	24
应收账款净值	455	495

零部件和日用品净值	290	280
其它	<u>306</u>	<u>289</u>
总共当前资产	2,252	2,459
设备总资产和设备	6,603	5,163
路线和票净值	1,048	1,081
其它资产净值	453	498
	--------------	--------------
总资产	$9,816	$9,201
	============	============
资产负债和股东权益		
当前负债		
当前即将到期的长期债务	$ 349	$ 304
应付账款	988	1,016
空中交通债务	1,124	1,125
应付其它债务	<u>623</u>	<u>535</u>
总共当前债务	3,084	2,980

长期债务和资本租赁	4,092	3,374
其它的长期负债	1,145	995
可贷换债券	243	242
可偿还普通股	----	----
股东股		
优先股	----	----
A 股	----	----
B 股	1	1
额外实收资本	885	379
未分配的利润	1,510	1,456
累计收入 (或亏损)	(4)	13
库存股份	(1,140)	(689)
股东权益总计	1,252	1,160
	--------------	----------------
总债务和股东权益总计	$9,816	$9,201
	===========	===========

源自：公司新闻稿，2001 年 10 月 31 日

表格 6 美国大陆航空公司 2001 年 9 月 30 号以后的三个月与 2000
年数据比较。（数字不包括大陆快递业务选择的工作统计）

	9 月 30日以后结尾三个月		净收入 (减少)
	2001	2000	
旅客收入(000s)	11,254	12,155	(7.4)%
旅客周转量收入（百万计）	16,206	17,325	(6,5)%
有效旅客空运量 (百万计)[2]	21,994	22,356	(1,6)%
载运比率	73.7%	77,5%	(3,8) points
收支平衡载运比率	78.3%	67.4%	10,9 points
有效乘客收入			
客座里数	8.59¢	10.06¢	(14.6)%
每客座里数净收入	9.33¢	10.89¢	(14,3)%
每客座里数营业成本	9.34¢	9.58¢	(2.0)%

每加仑燃油平均价格	82.37¢	86.52¢	(4.8)%
后期实际飞机数量	342	367	(6.8)%
平均每架飞机飞行里数	1,208	1,187	1.8%

1 乘客净收入决定飞行计划英里数。

2 有效乘客席位数必须乘以飞行计划英里数。

3 乘客净收入要除以有效座位英里数。

4，乘客收入所占有的座位百分数，是在所得税收入的基础上得出数值，不包括非经常性支
出，非经营性项目，以及其他相关项目支出。

资料来源：公司消息，2001 年 10 月 31 日。

大卫娜克劳在 Avid 技术有限公司扭转困境的案例

如果你喜欢电影，电视，音乐，电视游戏，或几乎任何其他形式的电子媒体，你几乎可以肯定使用过 Avid 公司的媒体解决方案，它使你拥有一个梦幻般的数字生活。这一案件叙述了 Avid 技术有限公司于 2000 年初左右，当大卫娜克劳被提升到首席执行官的职位时为扭转该公司困境的故事。

Avid 技术有限公司成立于 1987 年，由威廉华纳建立，他离开他在阿波罗电脑公司的职位，开始追求他的动态图像数字化的声音和革命性的思想，使他们可以通过电脑编辑数字化声音和图像。他在马萨诸塞州的一个车库里开始他的起步工作。1988 年柯特罗利加入华纳，一个 Racal 公司的董事长，一个印刷电路板设计师，和彼得斯，一个阿波罗电脑和数字设备公司前总裁，也曾任工程师。

这三个企业家开发数字媒体作曲程序，当新公司成立时，产品研发成功。大规模批量销售始于 1989 年第四季度。销售额增长迅速，由 1989 年的 100 万美元升至 1995 年 4 亿零 7 百万美元。随后，销售增长下降，如下所示：

年总值百万元%，收入增加

年份	收入总额 （以百万计）	增长比率
1989	1.0	
1990	7.4	640

1991	32.3	336
1992	69.0	114
1993	134.4	95
1994	233.6	74
1995	406.7	74
1996	429.0	5.5
1997	471.3	9.9
1998	482.4	2.4
1999	452.6	-6.2
2000	476.1	5.2

资料来源：公司网站 www.avid.com

为筹措资金使公司迅速增长，到 1993 年 Avid 在纳斯达克上市：上市名称：AVID），产生了
5300 万美元的额外资金。同年，销售额增加了一倍多，达到 1.35 亿美元。该公司跻身公司杂
志的"100 家增长最快小公共美国公司"名单，排名第五。跻身财富的"100 家增长最快的美国公
司名单第九。以后持续快速增长，收入 1994 年的 2.34 亿美元的在年和 1995 年为 4.07 亿美元
创 Avid 记录

到 1995 年，Avid 公司实现了目标，迅速抢占市场份额，并成为了其市场的领导者。然而，
1995 年后销售增长放缓，在 1996 年，净收入只增加 5.5%，，为 4 亿 2 千 9 百万美元，在

1997 年，达 10％，为 4.71 亿，于 1998 年达 2％，4.82 亿美元。 1999 年，该公司历史上第一次收入下降 6％，至 4.53 亿美元。图表 1 提供了财务汇总报表，和图表 2 显示该公司的资产负债表。到 1999 年底，Avid 公司有大约 1700 名员工。

一个 Avid 的销售额快速增长的关键因素是在其早期内能够建立国际销售渠道。到 1993 年 Avid 公司在 7 个国家建立了销售办事处。到 1999 它在 20 多个国家设有销售办事处。出口增长很快， 1990 年有 11％的营业收入，1992 年有 42％的，在 1999 年有 51％的营业收入，Avid 的销售范围有超过 75 个国家的海外市场。图表 5 给出了一个由 Avid 公司到 2000 年的各项成就的写照。

Avid 市场和产品

Avid 拥有三个市场。Avid 公司的主要收入来源是电影、电视及相关行业，这是一个数字化技术的早期使用者， Avid 被认为是这一市场的领先者。图表 3 提供了电影和电视节目使用 Avid 产品创建的产品名单。虽然 10 亿美元的电影业是已经采用数字技术作节目，但价值 20 亿美元的电视业仍然使用基于磁带的模拟技术，同样价值 9 亿美元音响业。和价值 9.85 亿的视频行业也采用基于磁带的模拟技术。

Avid 的第二个最重要的收入来源是 3.5 亿美元的广播业。虽然这一市场自 1993 年以来是公司的重点，但不太成功，很大程度上是因为 Avid 公司提供的产品还不能够满足所有新闻创作过程的功能。

消费零售市场 -产品的购买者用来创造和编辑家庭录像和照片 – 这是 Avid 公司收入的三分之一来源。，在这个市场'中的 "Avid 电影"'这个产品是专门给个人消费者在个人生日聚会，婚宴以及学校聚会的录像上增加各种特效

Avid 公司产品可分为六类：视频和电影编辑产品，视听产品，数字新闻采集系统，新闻编辑电脑系统，图形和产品的特殊效果，和存储系统。Avid 公司，产品之一"媒体作曲家"很快取得了成功，并使其成为最初几年净收入快速增长的主要原因。该公司保持了一贯的研发热情，研发资金逼近 17％的销售额，这反映了行业平均水平。此外，Avid 从收购的几家公司中获得了领先的技术。该公司认为，补充其现有的技术（见图表 4）。作为数字技术的先驱，Avid 公司率先开发和促进开放的行业标准，它开放媒体框架（OMF 平台），在一段时间内有超过 150 个合作商在此平台上开发数码产品。

Avid 管理

从 1989 年成立到 1995 年，Avid 公司，创始人兼首席执行官一职。华纳担任首席执行官到 1991 年，当他离开自己又开了另一个非竞争性的公司。随后，柯特罗利担任 CEO 到 1995.他们都让董事会让葛雷劳克来管理公司，Avid 初步股权融资由一股风险资金牢固的支撑着。

虽然到 1995 年，Avid 公司快速增长，初步目标成功，赢得市场份额并且发展成为的行业的领导者，最后公司的盈利增长缓慢。董事会决定，重点需要从市场份额占有率和提高利润两者中进行平衡增长，并得出结论认为，公司需要一个公司外部的有经验的个人管理这个大型技术团队。

1996 年，比尔•米勒，53 岁，在这个技术行业有着丰富经验的管理人员，被聘为扭转 Avid 公司的命运的人。米勒很快付诸行动，聘请了新的财务总监，建立必要的财务控制制度，以降低成本。存货和应收账款显着降低，分别从 1995 年的 6340 万美元和 10,790 万降至 1997 年的 980 万美元和 7,980 万。为了促进 Avid 公司的盈利能力，米勒在销售渠道上进行了重大改革，专注开发独立分销商，增值产品代理商，和经销商集中。通过间接渠道成员销售增长了1996 年 50%，1999 年更增长了 85%，。

米勒还参加了他的最重要的 1998 年收购 Softimage 公司的战略行动。 Softimage 公司是一个三维动画，视频制作及合成软件的领先开发商，因收购扩大了 Avid 公司的产品覆盖范围。但很快，这个变得很困难

但是很快这对 Avid 来说比希望来的更加困难。三年中米勒作为 Avid 的总裁，销售利润折增长在任期内仍难以实现。 1999 年，Avid 公司记录收入为 45260 万美元（从 1998 年以来下降 6%），以及 13750 万美元净亏损 - 这是该公司在其 10 年历史上最坏的结果。

这导致董事会再次采取行动，为了未来增长盈利不得不对公司的结构进行重新调整。

大卫娜克劳任命为总裁

大卫娜克劳，原来是 Avid 公司的 Digidesign 分部的首席运营官，2000 年 4 月被任命为 Avid 公司的首席执行官。Digidesign 司一直是 Avid 公司的亮点，它实现了创纪录的销售和营业收入，而公司的整体表现低于预期。大卫娜克劳，39 岁，虽然在年纪上是相对年轻的男子，只有 4 年的 Avid 公司工作经验，作为一个创新的历史。他赢得了哈佛商学院的一项发明，他的专利（笔记本电脑的备用电池）获得年度企业家奖。他有深厚的技术背景，有学士学位和麻省理工大学硕士学位以及哈佛大学工商管理硕士学位，加上他在公司经验以及本行业知识，，他便要扭转 Avid 的命运。

娜克劳和新的管理团队，他需要许多挑战。公司增长缓慢和快速的资金流失，最受人关注的问题，一些业内分析人士对 Softimager 的购买持怀疑的态度，不知道一个 Avid 公司规模庞大的跨边界的收购是否是毫无意义的而且会因收购太多而无法消化。而且会带来与之相一致的开支

增加。在娜克劳心中第二关注点是为未来发展奠定基础。与此同时，Avid 公司与国际公司索尼和松下展开竞争，力图使公司有机会成为未来数字技术的开拓者和领先者。

在他担任总裁的第一年，娜克劳在互联网上公布了新的相关重点产品，同时再次踏上 Avid 公司的收购狂潮。2000 年，Avid 公司总共斥资 230 万美元购买了冥王星国际技术公司和数字运动工厂。娜克劳还监视着英特尔和微软合作共同开发的交互式数字电视产品这一举动。娜克劳第一年还算成功。Avid 公司 2000 年比 1999 年收入增长了 5%，，虽然该公司有 5600 万美元的净亏损，但比 1999 年的 13700 万美元已经显著降低。

当娜克劳进入 2001 年，娜克劳知道他必须迅速采取行动。娜克劳要知道他是否已解决了公司过去的问题。简单的说，Avid 的历史中，一般每 3 年会有一个新的首席执行官，这意味着，娜克劳有两年的时间来证明自己的勇气。

问题讨论

1）你认为当大卫娜克劳接手时 Avid 技术有限公司的财务状况如何，？是否有明显迹象显示 Avid 有一段时间没有健康的运行？用数个例子来证明你的观点。

2）大卫娜克劳在 Avid 公司复苏手术期采取了什么步骤来扭转局面？

3）讨论和评估在卫娜克劳的管理以前和在他手中两个期间 Avid 公司使用的管理手段。在您看来，对 Softimage 公司的收购是对 Avid 公司正确的治疗方法吗？

4）作为 Avid 管理技术顾问，你对大卫娜克劳有何建议？

图表 1 - Avid 技术公司 **1989-2000** 财务汇总报表，（除每股数据外都以百万计）

	1989	1990	1991	1992	1993	1994	1995	1996	1997	1998	1999	2000
净收入	0.9	7.4	20.1	51.9	112.9	203.7	406.6	429.0	471.3	482.4	452.6	476.0
销售成本	0.5	3.4	9.6	23.7	54.1	99.9	198.8	238.8	221.5	190.2	205.9	234.4
毛利润	0.4	4.0	10.5	28.2	58.8	103.8	207.8	190.2	249.8	292.2	246.7	241.6
营业费用	2.1	6.3	10.5	24.7	55.7	87.0	185.2	220.5	219.7	242.6	246.9	229.8
非经常性费用	0	0.6	1.0	0.9	0	0	5.5	29.0	0	28.4	14.5	0
收购资产分摊费用	0	0	0	0	0	0	0	0	0	34.2	79.9	66.9
其它收入(支出)	0	0.1	0.1	0	1.5	1.0	1.4	3.4	8.1	8.6	3.5	3.7
所得税	0	0	0	1.2	0.9	4.8	8.6	(17.9)	11.8	(0.8)	46.4	5.0
	.....	.....	.....	.....	.....	.....	.....	.....	.....	.....	.....	.....
净收入(亏损)	(1.7)	(2.8)	(0.9)	1.4	5.5	13.0	15.4	(38.0)	26.4	(3.6)	(137.5)	(56.4)
每股净收益	(0.57)	(0.84)	(0.27)	0.29	0.38	1.10	0.77	(1.80)	1.08	(0.15)	(5.75)	(2.28)
普通股价												
高时	n/a	n/a	n/a	n/a	27.16	43.50	48.75	25.88	38.00	47.75	34.25	24.50
低时	n/a	n/a	n/a	n/a	16.00	20.50	16.75	10.13	9.00	11.08	10.00	9.38

附注：非经常性费用主要指注销重组以及由此产生的资产分期付款以及收购 Softimage 公司的费用

来源：Avid 公司 1989-2000 连续年度报告

图表 2： Avid 公司 1998-2000 资产负债表（以百万为单位）

	1998	1999	2000
资产			
现金和市场有价证券	$111.8	$72.8	$83.2
帐户净收入	89.8	76.2	90.0
存货量	11.1	15	21.1
其它当前资产	29.0	12.6	11.7
	--------------------	--------------------	--------------------
总共当前资产	241.7	176.4	206.1
不动资产设备净收入	35.4	32.7	26.1
其它资产	209.6	102.9	34.2
	--------------------	--------------------	--------------------
总资产	$486.7	$312.0	$266.4
	--------------------	--------------------	--------------------

	--------------------	--------------------	--------------------
股东股本和负债			
应付账款	$24.3	$24	$28.8
其它应计费用	75.4	61.8	56.2
预收收入	22.9	20.3	24.5
	--------------------	--------------------	--------------------
总共当前债务	122.6	106.1	109.5
长期债务	13.3	14.2	13.4
其它	60.5	23.8	5.7
股东股本			
普通股	0.3	0.3	0.3
附加实收资本	349.3	366.6	359.1
未分配利润	14.3	（128.1）	（197.8）
库存股份	（68）	（66.5）	（15.6）
延期付款	（3.8）	（1.9）	（4.8）
累积换算调整数	（1.8）	（2.5）	（3.4）

总共股东股本	290.3	167.9	137.8
总共股东股本和负债	$486.7	$312.0	$266.4
	--------------------	--------------------	--------------------

数据来源：Avid1998-2000 连续年度报告

使用 Avid 公司数字产品生成的电影和电视节目（只列举了样品）

电影	电视节目
致命武器 4	甜心俏佳人
太空迷失	欢乐一家亲
完美风暴	老友记
星际迷航 9：起义	麻辣上班族
泰坦尼克	幸存者 2
X 档案：征服未来	Veronica 的隐私

注：在 2000 年美国制作的电影百分之八十五就由 Avid 系统编辑，

在 2000 年 95%在黄金时段播放的电视节目由 Avid 系统编辑。

来源：Avid 技术有限公司公报;波士顿环球报，2001 年 4 月 30 号

图表 4：Avid 公司于 1993-2000 年的重大收购行动

年份	公司	收入（以百万计）	成本(以百万计)	备注
1993	数字视频软件公司	n/a	$4.6	拥有面向业余视频编辑者开发的视频编辑和演示软件产品。
1994	Basys 自动系统 (新闻编辑室)	$26	$5	开发新闻编辑室编辑系统
	Softech 系统公司			开发新闻编辑室自动处理系统
1995	Digidesign 公司	$39	$205	Leading provider of 成为以计算机为基础的处理音乐，电影，广播，以及多种方式存在的家庭数字多媒体处理软件的主要提供商
	Elastic Reality 公司	$12	$45	开发数字图像处理软件
	Parallax 软件公司			开发绘画和合成软件
1998	Softimage 公司	$37	$248	成为三维动画，视频产品和二维动画以及合成动画制作软件的主要供应商
2000	移动数字工厂	n/a	$2.3	为游戏和网站开发三维影像
	冥王星国际技术有限公司			开发编辑室数字贮存系统和网络产品

注：

1。数字视频软件公司被收购，使 Avid 公司在非专业视频市场有了一席之地，并加强其现有的市场生存能力。

2。 Basys 自动化系统（编辑部软件）和 Softech 系统被 Avid 收购，提供了 Avid 公司进入广播行业的可能。

3。 Digidesign 公司被收购，使 Avid 公司占有数字音频市场的领导地位。

4。Elastic Reality 公司与 Parallax 软件公司的收购，形成了 Avid 公司的图形处理部和图形特
殊效果处理部，使 Avid 公司开发了一系列图像处理产品，允许在视频和电影后期处理阶断用户
自己制作图形和特效。这主要适用于电视节目和广告，以及新闻节目制作这几类行业。对于
Softimage 公司的收购则大大加强 Avid 公司在这些领域的技术能力和市场占有率。

5。移动数字工厂的收购，增强了 Avid 公司在游戏和网络市场的地位。

6。冥王星技术国际被收购，使 Avid 公司有了多样化的新闻广播产品。

来源：Avid 公司的年度公报，与公司的代表面对面的采访;1994 年 10 月 31 日的电脑经销商新
闻，1995 年 3 月 31 日的 Newsbytes 新闻网，1998 年 10 月 22 日和 2000 年 6 月 30 日波士顿
先驱报和 2000 年 9 月 10 日的 CNN 新闻。

图表-5 至 2000 年 Avid 公司所取得的技术成就

1987 年

Avid 技术有限公司成立于威廉 J 华纳在马萨诸塞州伯灵顿的一个车库中。

1989 年

Avid 公司推出业界首个 Avid 公司的数字非线性编辑 Media Composer 系统，该公司的旗舰编

辑解决方案。Media Composer 系统根本性的改变了制作过程，比传统的模拟线性方法它提供

了更快捷，更直观的后期制作和编辑电影的过程，以及更有创造性的工作方式。这种发展有利

于电影、电视、广播产业迈向一个视频数字化革命的道路，。

Avid 公司收入 100 万美元。

1990 年

Avid 开办第一个欧洲办事处。

1992 年

Avid 公司开办亚洲的第一个办事处。

Avid 公司销售其第 500 套 Media Composer 系统。

Avid 公司介绍其 film Composer 系统，业界首个针对电影的数字非线性编辑系统，支持 24p 影像格式。

1993 年

Avid 公司上市，在纳斯达克上市。代号 AVID

美国电视艺术与科学学院提名 Avid 的 Media Composer 系统获得两个艾美奖单项奖。

尼尔西蒙的"我的天才家庭"成为第一部在 Avid Film Composer 系统上编辑制作的故事片。

1994 年

Avid 公司收购 BASYS 自动化系统公司（新闻部）和 SofTECH Systems 公司，两家为广播业提供领先新闻编辑室广播计算机系统的供应商。

Avid 公司推出开放式媒体框架（简称 OMF）标准，成为行业内数字媒体在不同平台和应用程序中交换运行的标准文件格式，现已被视为一个关键性全数字后期制作技术而得到广泛承认。

1995 年

Avid 公司收购了数字音频制作解决方案的领先开发商 Digidesign 公司，包括 Pro Tools 数字音频工作站平台。

Avid 公司收购 Parallax 软件公司和 Elastic Reality 公司，在绘画，合成，特效以及图像处理软件方面的领先开发商。

Avid 公司 从伯灵顿移动到图克斯伯里，马目前的总部。

1997 年

Avid 公司进入英特尔和松下的战略联盟，进而订立了使其产品支持 Windows 的发展计划。

英国病人是由 Avid 的 film Composer 系统剪辑，并且第一个获得了奥斯卡最佳电影剪辑奖的电影

1998 年

Avid 公司收购 Softimage 公司，这是一家总部位于蒙特利尔专门为电影、广播和游戏产业创造专业动画和视觉效果提供制作软件的公司。

Avid 公司得到关于 Media Composer 和 Film Compose 系统中实时控制多个摄像头的功能部分的艾美奖

1999 年

Avid 再次获得了 1998 年奥斯卡的小金人，因为它的概念和设计而取得奥斯卡科学技术奖，还因为它的 Film Composer 系统。

大卫娜克劳加入 Avid 公司成为首席运营官，后四年在 Digidesign 任期内，他还担任首席运营官。

2000 年

娜克劳晋升为 Avid 公司的总裁和首席执行官。

Avid 公司由于研制成功高品质个人电脑广播视频压缩卡获得艾美奖杰出成就奖。

Avid 公司收购了弗里蒙特的移动数字工厂，该工厂专业制作三维互动游戏和因特网互动游戏。

Avid 公司收购冥王星国际技术公司，一个视频存储和后期制作广播新闻及网络带宽解决方案供应商，

资料来源：公司网站 www.avid.com

解决案例

问题的建议

答案及分析－美国大陆航空公司案例

不用说，在案例研究，我们总是乐于接受新的思想，因此没有明显正确或错误的答案。建议的答案
如下，预计会被与会者讨论到。

问题 1

1) 请列举在 1994 年戈登贝修恩加入美国大陆航空公司作首席运营官时公司的各种病状

这个问题是故意提供给一些反向思维的人的。特别是，他们在上月已经学习了用医疗类比的理论，
在此基础上提出，与会者会立即指出 1994 年美国大陆航空公司重大问题的症状。

典型的问题应包括，

- 美国大陆航空公司在 1994 年生存处境十分艰难

-尽管被排名美国第五大商业航空公司并且收入接近 60 亿美元，但该公司自 1985 年以来，每年都报
告有净亏损的情况，

- 在经营业绩和客户满意度方面，大陆去年在 10 个美国主要的商业航空公司中排名最后

-在准时到达目的地的前 10 名航空公司中排名最后

- 拥有最高数量的每千名乘客胡乱处理行李的投诉

- 到目前为止，拥有最高数量的每 10 万名乘客各方面的投诉，投诉数量高于排名第九航空公司 30%并且 3 倍于行业平均水平.

-以超数量销售机票和其他问题为由拒载客人数量所占全部客人数量的百分比的排名是最差的

-10 年来换了 10 个不同的首席执行官

- 员工失望情绪严重和士气低落

-员工流动率和更换率也非常高

-在职人员离职率远远高于行业平均水平

-公司内部大量部门存在互相争斗

- 公司的机票代理人和安全门人员不得不去处理乘客的不满和愤怒（不满的人多且很情绪很激动）

重要的是要确保，在这一阶段，与会者只能列举一些病症表象，却一般不能提出导致这些病症表象可能的原因了！

在列举病症症状后，可以继续深一层讨论对疾病本身的诊断，从而引出戈登贝修恩用何种策略来解决问题，以及对美国大陆航空公司进行手术，复苏及护理的三个阶断。

2）戈登贝修恩在 1994 年至 2001 年中期的周转行动的主要特点是什么？他是如何把美国大陆

航空公司从 1994 年以来问题最严重的航空公司变成 2001 中期最好的公司？确定在这 7 年中的手术，复苏和护理阶段。

这是给与会者极好的机会，从中带出的企业复苏的阶段，并强调：

1）在手术阶段改组对 4C 的改组，

b），在复苏阶段为复苏业务作的 8 步。

三）在护理阶断作一个强大而健康的企业免疫系统而必须作的八步

戈登贝修恩的风格和能力。这里典型的反映应包括：

- 贝修恩对经营问题的诊断非常好，他还知道如何一个一个去处理它们。

- 贝修恩是一个实干家，是一个言出必行的人

- 贝修恩有一个明确而简单目标，他会使每个人都可以理解它，并且设置很多政策性的奖励办法以推动整个公司来实现这些目标 – 这正是一个真正的转型总裁应该作到的。

- 毫无疑问，他是一个很好沟通的人。员工们可以清楚的知道他的立场和他的看法。同时他对员工的态度也很严格的。

他不惧怕作出严格的要求，他可以解释为什么他们需要这么作，从而获得他的雇员的接受。贝修恩和其他美国大陆航空公司管理人员做了关于往前走计划的蓝图的沟通，，几乎每一个公司

员工在公司都与贝修恩有过员工会议，贝修恩介绍向前走计划，并解释它如何解决了美国大陆航空公司的问题，这有助于得到所有的雇员的认同和相互合作。

（其中许多人已经准备好大干一番，并且愿意尽全力去作好自己那一部分工作。）。使整个美国大陆航空公司亲密无间成一整体是一个不小的成就，这当然解释了贝修恩会取得巨大成功.

往前走计划的四个部分：

-决胜于飞，市场计划

-使可靠性成为现实 -产品服务计划

- 未来的资金-财务计划

- 发展协同工作 – 员工计划

一个很好的重组计划（包括手术阶断、复苏阶断、护理阶断）需要找到好的关键要素。

该计划用各种办法围绕给乘客一个安全、干净，可靠的服务，合理安排的航班时刻表和准时到达的飞机，使旅客的旅行愉快，舒适以及奖励经常性顾客。它的主要目标是商务旅客。

a）决胜于飞计划要求美国大陆航空公司停止做赔钱的项目或会造成公司亏损的事，集中美国大陆航空公司的市场资源。（外科手术及复苏阶断）

b）决胜于飞计划计划要求美国大陆航空公司大幅度削减航班，并且大幅度地修改美国大陆航空公司的航线，重点安排枢纽城市和辐射周边城市的航班，而不是点对点的飞行路线。更多的航班被安排在枢纽城市，以保证产生足够的客运能力来产生利润。 （复苏及护理阶断）

c）美国大陆航空公司对航班时刻表和路线进行了修改，精简了飞机的数量，这是有帮助的

i. 美国大陆航空公司目标定位在有较高的飞机交通要求的枢纽城市。

二。让维修更加经济合理

三。加强大陆的核心业务

四。提高公司的整体运行效率

这一切都有助于改善公司的财务和经营业绩。

四）必须进行协调一致的营销活动，以夺回它已经失去的客户，尤其是对商务旅客的营销计划，以赢得旅行社和商务旅客的青睐，这是至关重要的，因为他们愿意支付更多的费用来得到更优质的服务：舒适，方便，准时到达，行李的准确处理，而这些旅客提供的是更高的利润率。 （护理阶断）

五）通过 one-pass 旅客计划，对经常性旅客进行奖励，对原先的规定进行废除。（外科手术方式）

f）与其它航空公司订立代码共享的合作伙伴协议。 （复苏阶断）

g）在"让可靠性成为现实"的计划是必不可少的一个有效运作的转变。 （护理阶断）

h）用积极的举措，以加强美国大陆航空公司的资产负债表，并开始生产利润为股东带来回报。

（护理阶断）

问题 3

3）你认为"向前走计划"是完全成功的计划吗？在事后看来，这样的计划有问题吗？，如果有的话，"往前走计划"哪个方面是错误的？

在很大程度上，没有除戈登贝利恩成功计划的第二种意见。在问题 2 中所有方面明确的提到该计划是如何成功的。

事后人们可以看到两个往前走计划的弱点：

1）广泛的差异化战略和对出高价飞行顾客的迎合，片面强调增加成本仅仅是在顾客增加花费时，这种差异化战略忽略了马上来临的低花费飞行时代。在经济情况好的时期美国大陆航空公司的成本高可吸引一批愿意支付高昂的费用的乘客，但在经济困难时刻高昂费用会使公司运营亏损，在 2001 年秋季他们就遇上了这种情况。，当我们分析图表 6 的经营情况时，这种情况就很清楚了。盈亏平衡负荷率由 2000 年 9 月的 67.4％已跃升至在 2001 年 9 月的 78.3％，。

二）美国大陆航空公司的金融战略（未来的基金）过于强调债务融资和财务杠杆来刺激公司股票价格上升和对股东的回报。这在 9 / 11 后造成更为明显的财政困难。

问题4

4）如果你被美国大陆航空公司任命为 2001 年秋季顾问，您如何解决客运人流量减少和公司的现金迅速流失的两大难题？

在这个阶段，必须向与会者说明，在 2001 年秋季危机的爆发的主要原因是"外部的问题"。唯一的两个内部的问题是问题 3 下面提到的两项重点。

必须鼓励参加者查看案例的数据图表 4，5 和 6，看一看美国大陆航空公司第三季度的统计数据。可怕的载客量，表明了需要大胆和果断行动来挽救载客量。，特别是挽救如表 4 所示美国大陆航空已拥有的高盈亏平衡负载的客流量的减少，（见案例图表 6）。不削减成本，美国大陆航空公司无疑会流失有限的资金和经历一个不可长时间持续的大量现金支出的阶断，这将直接导致它破产。因此，从一个非常具有现实的意义上说，贝修恩的行动是挽救公司的必要行动。

另一个值得指出的重要的一点是：贝修恩的复苏策略取得了成功，但有人提出这一策略到 9 / 11 却使公司更加脆弱，这一观点让人怀疑。低价航空，往往是公司经营上采取的最后一招。，贝修恩的转变策略制定的基础在一个来临的逆境中和高票价的商务旅行大幅度的减少的情况下会迅速崩溃。美国大陆航空公司的高票价战略，结合高载客量等因素证明是有利可图的。这是一个重要的通过仔细研究统计图表 1, 2, 4, 5, 和 6　可以得到的结论。

从种种迹象显示，该公司在直到 2001 年 11 月还在生存中挣扎，尽管它可能会因为联邦政府所提供的救助和现金注入而生存下来，，因为在将来，商务旅行很可能反弹。经济会好转，在没有更多的恐怖袭击的情况下，美国大陆航空公司将渡过生存危机，也许到 2002 年下半年将出现盈利。

一些忠告将作为美国大陆航空公司 2001 年秋季摆脱困境的建议，用来渡过客运量减少和现金流失的难关：

a）重新审视费用成本，看看哪些花费是大大增加成本却只有低的利润的，这样的项目可以减除，迫切需要的是制止负现金流和保护公司财政。可能暂时减少资金流失为乘客提供廉价一些的班次。

b）密切监视客流量，一旦有增加马上采取行动增加航班和路线，在 2 001 年 9 月到 10 月因客流减少而削减的航班，如果交通流量许可，要马上恢复。除非恐怖分子的袭击进一步升级，客运量在 2002 年年底很有可能回升至 911 前的水平（如果不会很快恢复），特别是在经济反弹后（极有可能 2002 年 3 月）。

c）瞅准机会增加新航班/航线。把早些时候削减的航班恢复起来和增加新航线，让飞机停飞和已经下岗职工恢复工作，尽可能快的和尽可能多的恢复收益（每天从亏损的现金流到正常的有盈余的现金流量）。对于美国大陆航空公司的最佳办法阻止资金外流是通过多卖门票和运输更多的乘客来早日实现盈余。

d）考虑优惠的特价票，可以帮助刺激客运量。但太多的折扣将导致没有任何收入的增长，美国大陆航空公司迫切需要收入增长，以恢复盈利。收益和增加和正的现金流量将不能来自于简单的削减票价，而应是来自于运力的增加。

五）贝修恩需要用可见的实际的奖励来激励员工。他必须利用自己的沟通技巧给他们打气让他们团结在一起渡过这暂时的危机，通过 100％的努力。让员工知道所要做的就是提建议帮助公司节省不必要花费的成本和尽其所能作好客户的服务工作，继续提供优良的服务（有条不紊的准时到达服务）。

f）培育企业文化，大力宣扬公司团队精神和互相信任，贝修恩应该经常赞扬员工的努力成果，提供积极的后援支持和灌输美国大陆航空公司能够战胜当前逆境的信心。在未来 12 个月，贝修恩应该反复强调一个的主题，尽管现在在逆境，每个员工仍都是美国大陆航空公司的一份子，美国大陆航空公司所有员工仍是公司主人，这样的协同工作计划才是良好的和富有生机活力的计划，。他需要让美国大陆航空公司员工明白来美国大陆航空公司工作是有光荣和快乐的事。他需要做的事是继续保持已经取得的财富杂志中的在美国工作最好的 100 家公司名单中美国大陆航空公司的排名。

参考答案及分析 - Avid 技术案例

不用说，在案例研究，我们总是乐于接受新的思想，因此没有明显正确或错误的答案。建议的答案如下，预计会被与会者讨论到

问题 1

1）你认为当大卫娜克劳接手时 Avid 技术有限公司的财务状况如何，？是否有明显迹象显示 Avid 公司有一段时间账务没有健康的运行？用数个例子来证明你的观点。

在分析 Avid 技术公司的财务状况时，重要的是分析并理解什么原因使最初几年的 Avid 公司增长迅速，，又是什么原因使该公司后来发展滞后。

要全面的看一些数字，Avid 技术公司从 1989 年 100 万美元的收入，到 1995 年 4.07 亿美元的收入，7 年间令人震惊的增长了 400 倍，（40,000%标准税率）！。在此之后的 1996 年至 2000 年期间，收入停滞在 4.2 亿美元到 4.8 亿元之间。

Avid 公司的成功本质上体现了其创始人的天才。其强大的产业背景，公司的创始人能够确定一种更好的编辑影和电视节目中动画、图形的方式。Avid 公司是一个早期的技术先行者，作为一种替代模拟数字技术基础的一种新技术，简化了原来的工作并增加媒体编辑的灵活性。

Avid 公司首次向市场推出这一新技术，并支持开放的行业标准，从而增加了市场适用范围，从而使该公司在其发展初期，市场占有率迅速提升。此外，该公司很早就在国外开拓市场，在第三个财政年度有 42%的净收入来自于国外市场。因此，Avid 公司能够在一个更大的基于世界市场的客户群上取得更大量的销售业绩和传播它的技术。

总之，到 1995 年的 Avid 公司惊人的成功是基于：

•行业新颖（新发明产生新行业）

• 充分利用了其技术优势

• 把他的先进的视频编辑系统卖到世界各个地方。

在 1995 年后，导致收入停滞状态的主要原因是 1990 年代中期开始随着市场的饱和 Avid 公司无法拿出具有明显意义的创新产品，最终在后续的 10 年公司由盛转衰。

该公司的财务报表,展示如下：示例 1 和 2。

1）1995 年后销售增长放缓，在 1996 年只增加 5%至 4.29 亿美元，1997 年 10%至 4.71 亿美元， 1998 年 2%有 4.82 亿美元，1999 年，公司收入有史以来第一次下降了 6%，至 4.53 亿美元。2000 年，收入增长约 6%为 4.76 亿美元。

2）公司已经用去了在过去 5 中共 4 年的钱，在过去的 2 年内，该公司用去了总额 1.96 亿美元的资金。

3）公司的股票价格已经大幅缩水，反映出公司濒临破产边缘的的前景。

通过对该案件示例 1 和 2 的审查，我们可以得出以下结论，Avid 公司的财务业绩是从 1998 年后开始恶化的：

   i.   由于在过去 5 年中有 4 年公司都是亏损，Avid 公司的盈利能力低于平均水平：

	1996	1997	1998	1999	2000
毛利率	44.3%	53.0%	60.6%	54.5%	50.8%
营业利润率	(7.0)%		6.4%	10.3%	0.0% 2.5%
净利润率		(8.9)%	5.6%	(0.7)%	(30.4)% (11.8)%

ii. 1999 年，Avid 公司记录的收入是 4.526 亿美元比 1998 年下降 6%，净亏损 1.375 亿美元。这是该公司在其 10 年的历史中表现最差的一次。此外，从 1998 年至 1999 年，其现金和有价证券从 1.118 亿美元减少到 0.728 亿美元，流动比也从 2:1 下降到 1.7:1，而长期债务比例则由 4.6% 上升至 8.5%。

iii. 自 1996 年以来，该公司销售额的成长率只有区区 2.5% 的复合平均增长率。

iv. 自 1998 年以来 Avid 的毛利率明显恶化，从（4.824 亿美元的销售额/2.922 亿美元的毛利润）下降到 50.8%。

v. 过去两年中现金和有价证券下降了 25.6%，从 1998 年的 1.118 亿美元到 2000 年的 0.832 亿美元。

vi. 在 2000 年优良的应收账款有 69 天（4.76 亿美元的销售额中有 0.9 亿美元的应收账款），相较于 1998 年显得仍然过多。通常的行业标准是 45-60 天。

vii. 库存周转率也已从 1998 年的 43.5 倍下降至（4.824 亿美元的销售额/0.111 亿美元的库存量）2000 年的 22.6 倍。

viii. 该公司长期债务权益的比例已从 1998 年的 4.6%，（1330 万美元长期债务/2.903 亿美元的股东权益）变为 2000 年的 9.7%。这主要是由于在 1999 年和 2000 年发生的过量损失（主要是由于 Softimage 公司的收购产生的摊销）即在 2000 年底产生的 1.978 亿美元的公司赤字。

ix. 该公司的财产，厂房和设备的平衡，二千六百三十零点〇万美从 98 年至 00 年减少了 0.263 亿美元。表明该公司没有对公司老化的系统资产或业务进行升级或再投资。换句话说就是，Avid 公司是以大量的固定资产来支撑目前的业务和短期的增长。

x. 但是，总算该公司的资产负债表，还不算太坏。该公司还不到破产的边缘，尽管存在亏损和并且收益为负。幸运的是 Avid 公司几乎没有长期债务，而且它还有 9700 万美元的营运资本（营运资金=流动资产-流动负债）。因此，Avid 公司的财务状况，可能不招人喜欢，决不令人绝望。但毫无疑问，该公司要在 2002 年获得盈利，必须竭尽所能。

所有这些数据都是非常清楚的表明了 Avid 技术公司逐步下降的健康状况。

问题 2

David Krall 在企业复苏阶段手术中采取了哪些相应的步骤？

当问题来临时，David Krall 已经完成了最终的诊断以及将要采取什么步骤（或取消它），并只是完成诊断和手术几步阶段。即完成了所有的诊断和各个手术阶段所要采取的步骤。

在此，将适当的讲述一下以前的 CEO 们的应对方法，然后再看看 David Krall 所采取的步骤。

Avid 的先后两个 CEO 针对其关键几处应对的不同策略清楚地表现在以下方面：

i.   在电影，电视，数字广播技术产品，和新闻广播产业各方面广泛的追求各种销售机会。

ii.   在世界各地发展其销售能力。

iii. 为 Avid 电影在各个零售消费市场探索的商机，（预计在 5 年内，这个市场发展不会太大。但随后将会如预期的一样提到迅速增长）。

iv.   将总收入的大约 17％用于研发新产品（但没有多少来自于近期的努力）。

v.   通过收购或购买现有的产品和领先的技术来完善补充公司现有的内部技术（见上市案例 4 的图表）。

vi.   与其他公司结成联盟，以帮助开发新技术。

vii. 通过收购和研发来发展内部公司的产品线。现在包括六大类：视频和电影编辑产品，视听产品，数字新闻采集系统，新闻编辑室的电脑系统，图形和产品的特殊效果，以及存储系统。这些产品具有广泛的市场和各不相同的价格（实际上，代表不同的商业领域）。

viii. 参与发展和促进数字技术的开放式行业标准的制定。（该公司公布的基本数字技术，成为适用于特定产品的创作平台。）

ix.   与可以分发 Avid 的产品并具有广泛基础的商业伙伴和零售客户发展更紧密的联系。并减少直销（内部）的活动，该活动仅仅针对的是在销售和售后过程中的主要客户。

x.   更加重视客户的售后服务，通过扩大相关售后资源和对其结构功能的调整，以提高客户的满意度。

尽管采取了这些优秀的战略步骤，Avid 公司的营业收信并没有出现增加的迹象。这意味着某些典型的高科技产品的市场已经饱和。

在 David Krall 担任总裁的第一年，宣布了一项新的基于互联网的编辑产品，从而使 Avid 公司再次步入了公司收购的轨道。在 2000 年，Avid 公司购实施了对冥王星技术国际公司和动工厂公司的收购，总共花费了 230 万美元。冥王星技术国际公司主要是为新闻广播行业从事专业存储器和相关网络产品的生产，而动工厂公司主要从事网络互动游戏。这些是 Avid 公司自 1998 年对 Softimage

公司的失败收购后的首次收购。Krall 还与英特尔和微软建立了联盟以共同开发交互式数字电视产品。

因此，很明显，通过 Krall 的这些最初的步骤即通过适当的收购以维持目前的收入水平。Avid 公司显然需要通过采用新技术的途径来迅速增加销售市场。David Krall 手术的步骤主要集中在现金流和利润率方面。

Krall 完成了他第一个使 Avid 公司扭亏的承诺，在 1999 年的基础上 Avid 公司 2000 年收入增长 5%，净亏损从 1.37 亿美元降为 0.56 亿美元。

问题3

在您看来，运用 David Krall 的理论对Avid公司以前使用的输血管理方法进行讨论和评价，确定针对Softimage公司的收购行为是否正确？

自 1996 年以来。用输血法对患病的 Avid 进行治疗是否正确是个非常难以回答的问题。但通过一些强有力的线索，我们也能了解一些情况。尽管对 Avid 通过收购和结盟的个别产品和企业缺乏详细资料（案例 4 给出了 Avid 进行重大收购的具体细节）：

a)   Avid 的销售收入 4 年来相当平稳，尽管已经在这个方面进行了一系列的并购。到目前为止，所获得的技术和产品似乎并没有能产生太多的业绩增长（但是，我们不知道是不是随着多媒体市场的饱和，它们一直保持的销售收入是否会大幅下降。）

b) Avid 的电影产品似乎在零售消费市场一直具有长期潜力，但其短期潜力很有限。

c) Softimage 公司似乎并没有为公司增加任何的收入（仅仅增加了折旧费用，还折损了公司的名誉）。公司支付了 2.48 亿美元为了收购这个仅有 38 万美元收入的公司。

d) 案例显示出，在 Krall 的领导下的 Digidesign 的利润的稳定的增长的表现。

e) 自 1996 年以来，收入的平均增长率仅有 2.5%，主要通过输血来使该公司目前的产品线和业务组合的收益潜力得以提升将很难。

浅谈一下 1998 年的重大收购（Softimage 公司收购的价格是 2.48 亿美元），案例资料显示，Softimage 公司有一些优秀的 3D 和动画软件产品（个人猜测可能某些升级或配套产品可能是通过 Softimage 公司管道完成）。最引人瞩目的是，Avid 公司对其的大手笔收购。该公司收购 Softimage 公司花费了 2.48 亿美元，相当于 6.7 倍的 Softimage 公司的收入（有人甚至怀疑，Softimage 公司在其被收购时是否还在盈利）。为了这次收购 Avid 公司几近倒闭，Avid 公司必须将 Softimage 公司的产品销量提高 3-4 倍（达到 1 亿美元）才能实现它们预期的丰厚的利润。

没有可靠的迹象表明，Softimage 公司在这方面具有坚实的潜力。如果 Softimage 公司成为 Avid 公司的股东，Avid 公司似乎已经买进了不恰当的"潜力股）。

Softimage 公司可能会使 Avid 作为电影生产者的产品更加完美，是对 Avid 公司曾经火热的 Media Composer 和其他电影和数字媒体技术产品的补充。Avid 公司迫切需要用新的产品保持其 400 万美元- 500 万美元之间的收入（这样的情况已经持续了 5 年）Avid 的企业产品的市场定位，显然都是一

些有短产品生命周期的产品而且其客户基础都相当有限（除了 Avid 的电影公司，据说它在零售消费市场很有潜力。）

考虑到这些因素，以及产品市场周期，以往收购的象 Softimage 公司是 Avid 公司适当的战略。

问题 4

作为扭转 Avid 困局的技术顾问，你将向 David Krall 提出何种建议？

通过对 Avid 公司和各种情况进行详尽的技术分析，为实现对 Avid 公司的复苏 David Krall 的护理行动将采取以下步骤：

a) 努力推动内部降低成本。Avid 的收入基础不高，足以支持目前的营运开支水平。

b) 尝试加快新产品的推出（最好用最小的额外 R&D 支出）。Avid 公司需要更多的创新产品以获得更高的收入，削减运营开支，这将成为 2001 年底或 2002 年及以后盈利的关键。

c) 考虑采取新的收购方案，用于扩大公司的产品线，以提供给现有客户。我们认为，任何新的收购都应是以能够增加 Avid 公司的销售量并降低成本为目的（以便充分利用该公司目前的销售和营销能力）。恰当的收购战略所获得的资源远胜于那些 Avid 推出的全新的市场领域。

d) 减缓那些为 Avid 公司影院零售市场进行的新品开发，因为任何这方面的努力可能会比较昂贵，并使 Avid 的现有资源过于分散，而且它们未必能在 3-5 年产生额外的收入。Avid 必须专注于眼前的市场，这样它可以充分利用现有资源尽快恢复其盈利能力。